Grafische Gestaltung: Gruppe Gut, Bozen
Bildbearbeitung: Typoplus, Frangart
Printed in Europe

ISBN 978-3-85256-713-6
www.folioverlag.com

BZ '18–'45
ein Denkmal
eine Stadt
zwei Diktaturen

EINE DOKUMENTATIONS-AUSSTELLUNG IM SIEGESDENKMAL

Ministero dei beni e delle attività culturali e del turismo – Direzione regionale per i beni culturali e paesaggistici del Veneto

AUTONOME PROVINZ BOZEN SÜDTIROL

PROVINCIA AUTONOMA DI BOLZANO ALTO ADIGE

Città di Bolzano
Stadt Bozen

www.siegesdenkmal.com

// THE

OF A PAT

BZ '18–'45
ein Denkmal
eine Stadt
zwei Diktaturen

EINE DOKUMENTATIONS-AUSSTELLUNG IM SIEGESDENKMAL

BEGLEITBAND ZUR DOKUMENTATIONS-AUSSTELLUNG

TEXTE UND INTERVIEWS
Andrea Di Michele
Chiara Matteazzi
Sabrina Michielli
Hannes Obermair
Christine Roilo
Jeffrey T. Schnapp
Ugo Soragni
Silvia Spada

GESAMTREDAKTION
Sabrina Michielli
Hannes Obermair

ÜBERSETZUNGEN
Martina Mumelter
Claudia Tarfusser

BUCHGESTALTUNG
Gruppe Gut Gestaltung

BZ '18–'45: Im Außenbereich des Siegesdenkmals

EINFÜHRUNG

Das Bozener Siegesdenkmal wurde zwischen 1926 und 1928 auf unmittelbares Geheiß Benito Mussolinis errichtet. Es entstand als unübersehbares Zeichen des Sieges der italienischen Truppen über Österreich-Ungarn im Ersten Weltkrieg und als Sinnbild der vermeintlichen *Italianità* Südtirols, das 1919 Italien zugeschlagen wurde. Seitdem entzweit das Denkmal Politik und Gesellschaft. Mit seiner deutlichen politischen Rhetorik und seiner symbolträchtigen Inszenierung faschistischer Gesinnung war das Siegesdenkmal im Laufe der Jahrzehnte immer wieder Schauplatz erbitterter ideologisch-politischer Grabenkämpfe, vor allem dann, wenn die Fronten im Zuge der Südtiroler Autonomieverhandlungen besonders verhärtet waren. Das Monument zog die verfeindeten Lager wie ein Magnet an. An ihm entlud sich regelmäßig der ganze Unmut über Vorgehen und Argumente der Gegenseite.

Nach langen Debatten und mehreren vergeblichen Anläufen wurde im März 2011 eine Expertenkommission damit betraut, das inhaltliche Konzept für die Gestaltung einer Dauerausstellung in den unterirdischen Räumlichkeiten des Siegesdenkmals vorzulegen. Gemeinsames Ziel der drei Auftraggeber – italienische Regierung, Südtiroler Landesregierung und Stadt Bozen – war es, im europäischen Geist eine dauerhafte und sinnstiftende Nutzung des umstrittenen Denkmals zu ermöglichen. Das Vorhaben setzte darauf, mittels Erklärung und historischer Kontextualisierung des Denkmals dessen totalitäre Aspekte, aber auch die historisch-kunsthistorische Aussagekraft des Siegesdenkmals zu thematisieren und aufzuarbeiten.

Vor diesem Hintergrund erstellten die Mitglieder der Expertenkommission – die Historiker Andrea Di Michele, Hannes Obermair, Christine Roilo sowie die Kunsthistoriker Ugo Soragni und Silvia Spada – ein wissenschaftliches Ausstellungs-

Das Bozener Siegesdenkmal auf einer Ansichtskarte der 1930er Jahre

BZ '18–'45: Siegesdenkmal, Vorderseite im heutigen Zustand

konzept mit einem doppelten Schwerpunkt: Damit die Auseinandersetzung mit dem schwierigen Erbe gelänge, sollte die Ausstellung zum einen die Geschichte des Denkmals und dessen ideologische Hintergründe beleuchten, gleichzeitig aber auch enge Bezüge zur Geschichte Bozens zwischen 1918 und 1945 herstellen, als sich faschistische und nationalsozialistische Herrschaft abwechselten. In diesem Sinne legte die Kommission eine Reihe von thematischen Orientierungen fest, anhand derer die Geschichte und die Symbolik des Siegesdenkmals vor einem breiteren historischen Hintergrund aufzuarbeiten waren. Dazu rechnen der Erste Weltkrieg und die Angliederung Südtirols an Italien, die faschistische Machtergreifung und die autoritäre Wende, die Errichtung der Bozener „Neustadt" und die Italianisierungsbemühungen, die bauliche Veränderung der Stadt, die tiefgreifende Beeinflussung von Bildung, Kunst und Kultur, der sozialpolitische Kontext und die Industriepolitik des Regimes, der Bau der „Semirurali"-Siedlung, die Südtiroler Option, der Zweite Weltkrieg und die NS-Besatzung, das Kriegsende und Südtirols erstes Autonomieabkommen.

Am 3. Januar 2012 wurde schließlich ein Rahmenabkommen unterzeichnet. Darin verständigten sich der italienische Staat, vertreten durch das Kulturministerium, die Südtiroler Landesregierung und die Stadt Bozen darauf, das jahrzehntelang abgesperrte Monument wieder öffentlich zugänglich zu machen und es als Standort für eine historische Dauerausstellung nach den inhaltlichen und ausstellungstechnischen Vorgaben der Expertenkommission zu nutzen. Die Ausstellung sollte in der

BZ '18–'45: Die Ausstellung nimmt Gestalt an, 2013

Krypta und in den unterirdischen Räumen des Denkmals Platz finden. Im Zuge der Vereinbarung wurden auch bereits die entsprechenden Haushaltsmittel bereitgestellt und eine zeitnahe Verwendung der Gelder bestimmt.
Am 21. Juli 2014, dreißig Monate nach Unterzeichnung des Rahmenabkommens, wurde die Ausstellung schließlich unter dem programmatischen Titel *BZ '18–'45: ein Denkmal, eine Stadt, zwei Diktaturen* planmäßig eröffnet.
Für das Ausstellungskonzept zeichnet das Bozener Gestaltungsbüro Gruppe Gut von Uli Prugger und Alfons Demetz verantwortlich. Als wissenschaftlicher und gestalterischer Berater konnte Jeffrey T. Schnapp von der Harvard University gewonnen werden.
Die Hauptelemente der Ausstellung sind die beiden Rundgänge, die sich unterirdisch über jeweils dreizehn Wandpartien rings um die Krypta entfalten. Der „innere Rundgang" führt direkt an der fünf Meter hohen inneren Fundamentmauer entlang und erzählt anhand von Bild- und Textdokumenten die Geschichte des Siegesdenkmals zeitlich fortschreitend, wobei die Erzählteile wie in einer traditionellen

< BZ '18–'45: Einbau der Schautafeln des äußeren Rundgangs, 2013

Pinakothek in dichter Hängung neben- und übereinander präsentiert werden. Der „äußere Rundgang", entlang den zur Außenmauer hin angeordneten Räumen, beleuchtet die Geschichte Bozens und Südtirols unter faschistischer und nationalsozialistischer Herrschaft und erläutert die regionalen, nationalen und internationalen Zusammenhänge in den Jahren nach dem Ersten Weltkrieg bis zum Ende des Zweiten Weltkriegs (1918–1945). Dies erfolgt anhand von großflächig auf Glasplatten gedruckten Fotos, die bewusst unscharf gehalten wurden und sich den Besuchern und Besucherinnen dadurch nur aus der Nähe erschließen, sowie durch erläuternde Texttafeln, die leicht asymmetrisch hinter bzw. zwischen den Glasplatten hängen. Die räumliche Abfolge markiert hier auch die zeitlichen Übergänge. Aussagen von Zeitzeugen, originale Filmberichte, Projektionen und dokumentarische Hörstationen, zwischen den Glastafeln platziert, machen die Ausstellung zu einem multimedialen und zum Teil interaktiven Erlebnis.
Vier Eckräume runden den Ausstellungsrundgang im Untergeschoß ab. Im ersten Eckraum werden Fragen nach der Funktion und Bedeutung von Denkmälern aufgeworfen und Parallelen zu anderen Beispielen der Monumentalarchitektur aufgezeigt. Der zweite Eckraum unterrichtet über die baulichen Details des Siegesdenkmals, die mit einem „Denkmal-ABC" im Einzelnen vorgestellt werden. Der dritte

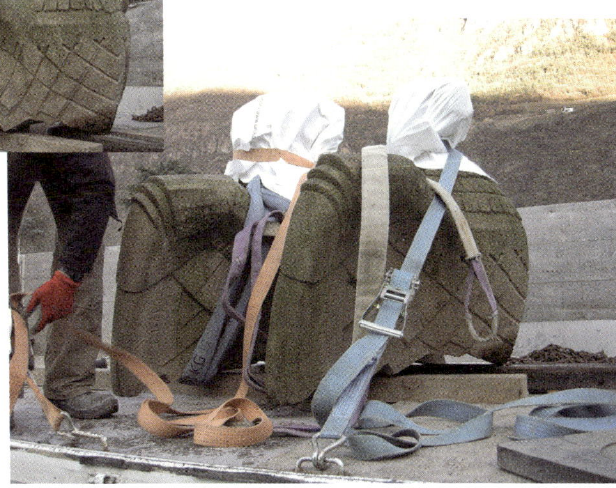

> BZ '18–'45: Die ursprünglich von der Drususbrücke stammenden steinernen Adlerköpfe werden zum Transport vorbereitet bzw. abgeladen, 2014

< BZ '18–'45: Arbeitsskizzen für die Ausstellungsgestaltung, 2013

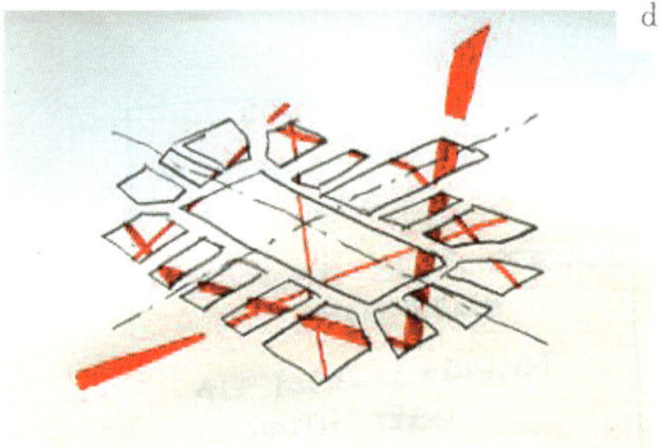

Eckraum ist dem Leben und Wirken des Architekten Marcello Piacentini gewidmet, nach dessen Plänen das Siegesdenkmal errichtet wurde. Im vierten und letzten Raum hingegen sind die Besucher und Besucherinnen dazu aufgerufen, Gegenwart und Zukunft des Monuments zu hinterfragen und sich an den Debatten rund um das Monument aktiv zu beteiligen.
Wie ein roter Faden verbindet ein M-förmiges Modell die vier Eckräume; es stellt nicht nur den Anfangsbuchstaben des Wortes „Monument“ dar, sondern greift auch ikonografisch die Umrisse des Denkmals auf. Während es im ersten Raum noch mächtig und in voller Frontbreite erscheint, löst es sich in den folgenden Räumen nach und nach auf. Diese symbolische Dekonstruktion steht für die sich ständig verändernde Bedeutung und Sinnhaftigkeit von Denkmälern.
Vorraum und Krypta, die einzigen unterirdischen Räumlichkeiten, die seinerzeit für öffentliche Zwecke angelegt wurden, blieben weitgehend unverändert. Die künstlerische Intervention ist hier auf wenige Details beschränkt und sehr subtil, und doch ist sie wesentlich, um den Historisierungsprozess zu verstehen.
Die Krypta wird von zwei überproportionalen Fresken des Malers Guido Cadorin (*Die Wächterin der Geschichte* und *Die Wächterin des Vaterlandes*) flankiert. Die beiden Figuren waren einst von vier bronzenen Kandelabern beleuchtet und schauten mit strengem Blick auf die „Diener des Staates“ herab. Gemeinsam mit dem mächtigen Schriftfries und seinen klassischen Zitaten aus der römischen Antike preisen sie von den Faschisten propagierte Tugenden wie Ruhm, Treue und Ehre sowie die Bereitschaft zum Heldentod für das Vaterland. In der Krypta beschränkte sich der künstlerische Eingriff darauf, das heroisierende Schriftband und die ursprüngliche, um Erhabenheit bemühte Atmosphäre durch Laserlichttechnik zu „neutralisieren“. Immer wieder wird die fahl ausgeleuchtete Krypta in Dunkelheit versetzt, und über dem lateinischen Schriftzug erscheint eine Laufschrift mit Zitaten von Hannah Arendt, Bertolt Brecht und Thomas Paine, die auf die Gefahren der Diktatur und den Stellenwert der Demokratie abstellen.
Der langgezogene, schmale Vorraum, über den die Besucher und Besucherinnen die Ausstellung betreten, besteht bis zum Gewölbeansatz aus rau gemeißelten Porphyrquadern. An den beiden Längsseiten waren ursprünglich je drei bronzene Haken angebracht, die der feierlichen Anbringung von Lorbeerkränzen dienten.

BZ '18-'45
ein Denkmal
eine Stadt
zwei Diktaturen

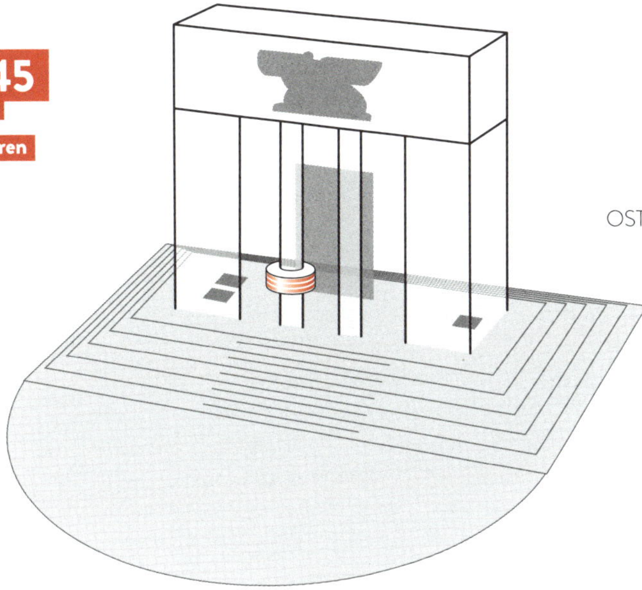

OSTSEITE

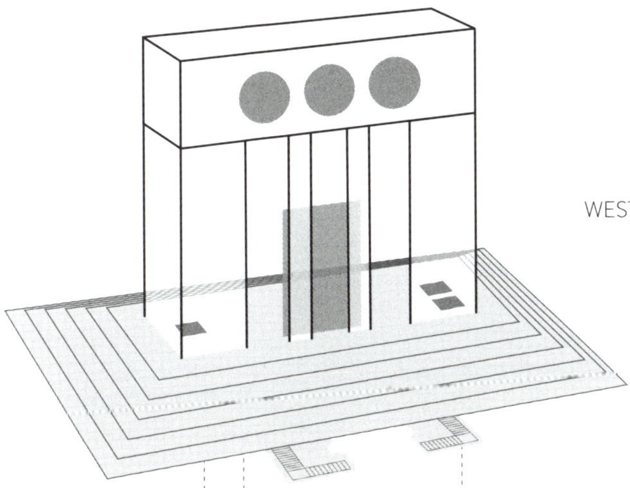

WESTSEITE

UNTERGESCHOSS

GRÜNANLAGE

Dort zieren nun anstelle der Kränze Sprachfetzen und Signalwörter der Ausstellung als kranzförmiges Schattenbild die Wand. Wie die Begriffe nur umrisshaft sichtbar werden, wird auch ihre wahre Bedeutung allenfalls schemenhaft erkennbar. Umrahmt wird die Inszenierung von einer Klanginstallation des Künstlers Stefano Bernardi. Nationalsozialistisch-faschistische Hymnen, Rhythmen, Parolen, Gesänge und Melodien ertönen in verfremdeter Weise und verstärken dadurch die Wirkung der Schattenwörter an der Wand. Die Klänge werden dabei so übereinandergelegt, dass sie zwar noch wahrnehmbar sind, jedoch nicht mehr auseinandergehalten werden können.

Der Außenbereich des Siegesdenkmals blieb bis auf eine Ausnahme unverändert. Als symbolischer Akt wurde ein Ring mit einer digitalen Laufschrift an einer der liktorischen Säulen an der Frontseite des Denkmals angebracht. Mit dieser klaren, zugleich aber auch subtilen künstlerischen Aussage wird die monumentale Fassade aufgebrochen, ohne dass das Denkmal in seiner Gesamtheit beschädigt wird. Der Ring neutralisiert die Macht des Monumentalen und steht sinnbildlich für die Beharrungskraft von Demokratie.

Das Expertenteam hat sich bei der Ausstellungsgestaltung und der Historisierung des Denkmals am aktuellen Stand der Geschichtsschreibung orientiert. Es möchte damit auch zur Überwindung der Kontraste beitragen, die gerade durch dieses politisch-ideologische Symbol des „Zeitalters der Extreme“ überdeutlich veranschaulicht werden. Die Ausstellung *BZ '18–'45: ein Denkmal, eine Stadt, zwei Diktaturen* hat das Siegesdenkmal von seinem ideologischen Ballast befreit und es für die Öffentlichkeit zugänglich gemacht. Heute ist das Monument ein Mahnmal gegen jede Art von Totalitarismus.

In diesem Begleitband zur Ausstellung werden Schritt für Schritt die thematischen Inhalte und Schwerpunkte der Ausstellung beleuchtet. Zu diesem Zweck wurden die von der Expertenkommission in Zusammenarbeit mit Jeffrey T. Schnapp verfassten Ausstellungstexte überarbeitet, angepasst und ergänzt.

Die Texte zum äußeren Ausstellungsrundgang, die die Geschichte Bozens zwischen 1918 bis 1945 vor dem Hintergrund der nationalen und internationalen Ereignisse beleuchten, stammen von Andrea Di Michele. Die Beiträge zum inneren Ausstellungsrundgang wurden von Hannes Obermair und Silvia Spada ausgearbeitet. Während Spada die Entstehungsgeschichte des Ausstellungsprojekts erläutert und dabei auch einen Bogen zu den Künstlern schlägt, die an der Gestaltung des Monuments mitgewirkt haben, setzt sich Obermair mit dem stets schwierigen Bezug zum Denkmal von der Nachkriegszeit bis in die unmittelbare Gegenwart auseinander. Ugo Soragni und Jeffrey T. Schnapp erläutern im Gespräch mit Sabrina Michielli die Beweggründe, die dem Ausstellungsprojekt zu Grunde lagen, dessen Entstehungsgeschichte und seine Bedeutung für die Stadt. Chiara Matteazzi hingegen beleuchtet den Restaurierungsprozess und die baulichen Eingriffe, die erforderlich waren, um das Denkmal für die Öffentlichkeit zugänglich zu machen und die Räume im Souterrain als Ausstellungsstandort zu nutzen.

> BZ '18–'45: der rückwärtige Aufgang zum Siegesdenkmal

BZ '18–'45: der Vorraum des Ausstellungsbereichs

SE CHE HA BISOGNO

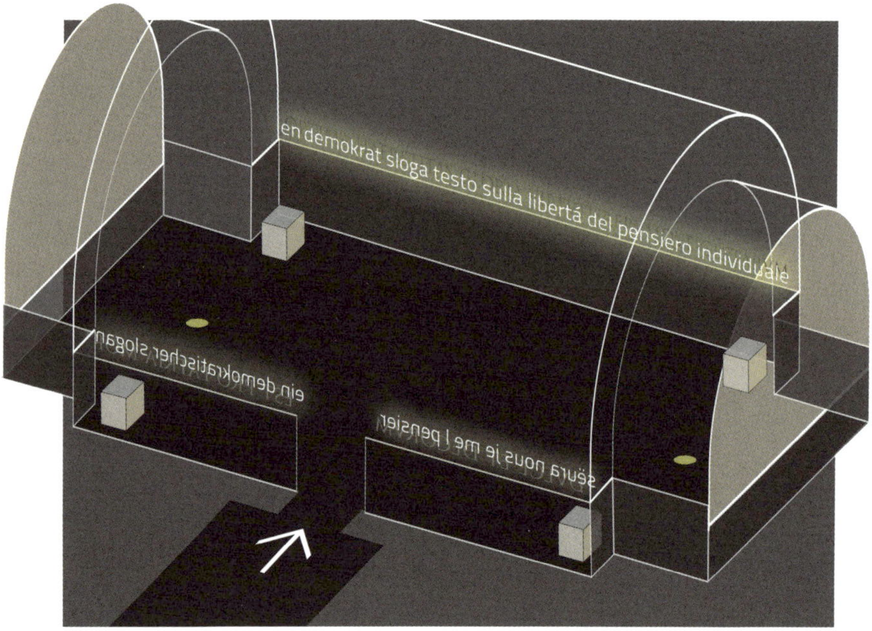

Die beiden Monumentalfresken der Krypta stammen von Guido Cadorin und stellen *Die Wächterin des Vaterlandes* (an der Südwand) und *Die Wächterin der Geschichte* (Nordwand) dar. Die originalen lateinischen Inschriften an den beiden Längsseiten sind Texten von Cicero und Horaz entnommen und werden mit Gegenzitaten von Hannah Arendt, Bertolt Brecht und Thomas Paine laserlichttechnisch überblendet.

KEIN MENSCH HAT DAS RECHT ZU GEHORCHEN // NOBODY HAS THE RIGHT TO OBEY // NESSUNO HA IL DIRITTO DI OBBEDIRE HANNAH ARENDT // UNGLÜCKLICH DAS LAND, DAS HELDEN NÖTIG HAT // UNHAPPY THE LAND THAT IS IN NEED OF HEROES // INFELICE IL PAESE CHE HA BISOGNO DI EROI BERTOLT BRECHT // THE DUTY OF A PATRIOT IS TO PROTECT HIS COUNTRY FROM ITS GOVERNMENT // IL DOVERE DEL PATRIOTA È PROTEGGERE LA PATRIA DAL SUO GOVERNO // DIE PFLICHT EINES PATRIOTEN IST ES, SEIN LAND VOR DER EIGENEN REGIERUNG ZU SCHÜTZEN THOMAS PAINE

BZ '18–'45: verschiedene Effekte der Laser-Installation in der Krypta

OF A PATRIOT IS TO P

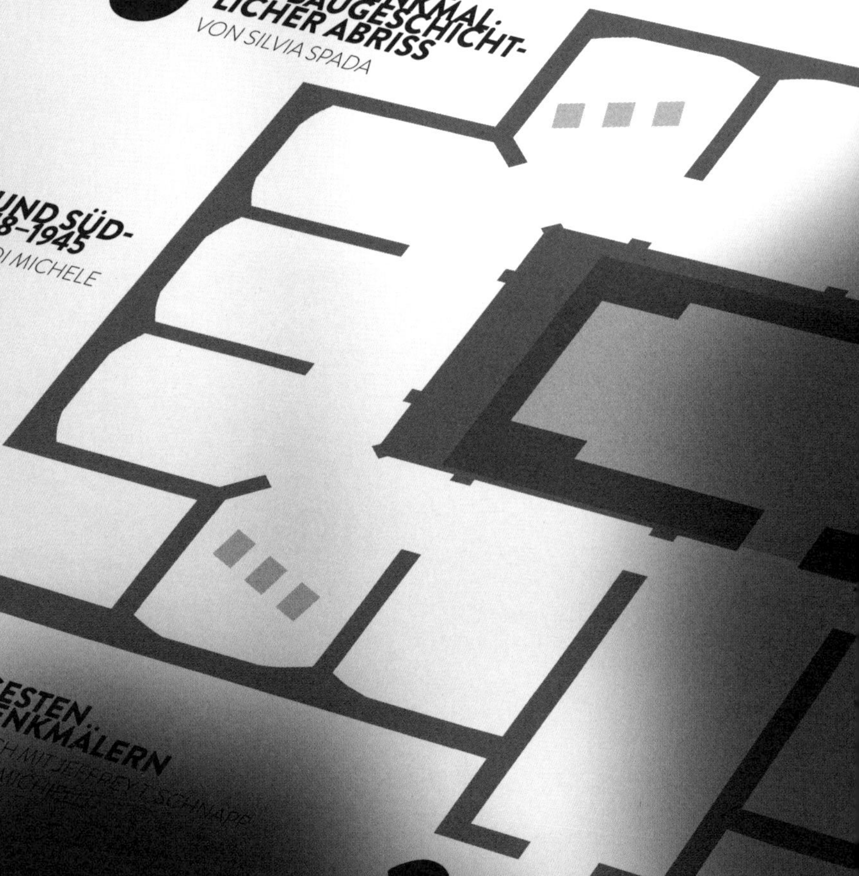

DAS DE GESTER HEUTE

NKMAL
N UND

SABRINA MICHIELLI

EIN GESPRÄCH MIT UGO SORAGNI

Ihr Buch über das Siegesdenkmal Bozen ist 1993 erschienen. Es handelt sich dabei um die erste wissenschaftliche Arbeit, die die Wichtigkeit unterstreicht, das Siegesdenkmal einer detaillierten historisch-kunsthistorischen Analyse zu unterziehen. Das wäre nämlich ein erster Ansatz, um bestehende Gegensätze zu überwinden. Was hat sich zwischen 1993 und 2011 getan, als schließlich das Wissenschaftsteam, dem Sie zusammen mit Andrea Di Michele, Hannes Obermair, Christine Roilo und Silvia Spada angehörten, beauftragt wurde, einen Ausstellungsparcours für das Siegesdenkmal zu entwerfen?
Die Monografie von 1993 befasste sich mit den Restaurierungsarbeiten am Siegesdenkmal. Es handelte sich vor allem um Sicherungsmaßnahmen, die das Denkmalamt von Verona vorangetrieben hat und die vom zuständigen Ministerium finanziert wurden. Ich bin damals mit der Planung der Arbeiten beauftragt worden und war überrascht, wie viele oberflächliche Deutungen zum Siegesdenkmal bestanden. Außerdem gab es kaum genaue Informationen über das Bauwerk. Daher begann ich mit meinen Nachforschungen in einigen der wichtigsten italienischen Archive, insbesondere im Staatsarchiv in Rom (Archivio Centrale dello Stato di Roma). Hier werden die wichtigsten Dokumente über die Planung und den Bau des Bozener Siegesdenkmals verwahrt. Abgesehen vom äußeren Erscheinungsbild des Denkmals, das Themen und Embleme des Faschismus gut sichtbar präsentiert, erschien es mir angebracht, auf die künstlerischen Details des Baues einzugehen, die insgesamt einen hohen kulturellen Wert besitzen. Es handelt sich nämlich um Werke der wichtigsten Bildhauer und Maler der damaligen Zeit, wie z.B. die Bronzeplastik von Libero Andreotti oder die drei Hermen von Adolfo Wildt. Ziel der Monografie war es, eine geordnete Dokumentation zu erstellen, um auf diese Weise die Entstehungsgeschichte und die kunsthistorische Bedeutung des Siegesdenkmals festzuhalten. Auf diese Weise konnten auch einige ideologische Missverständnisse aus dem Weg geräumt werden. Das Wissenschaftsteams konnte mit diesen Vorgaben starten. Das Augenmerk wurde vor allem auf die Zeit und ihre historischen Begebenheiten gelegt, in denen das Siegesdenkmal entstanden ist. Es wurden aber auch andere Aspekte untersucht, z.B. die städtebauliche Entwicklung des neuen Viertels von Bozen, für

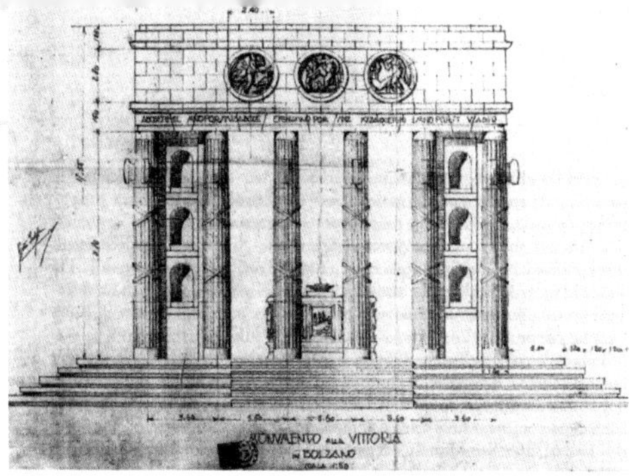

> Marcello Piacentini, Aufriss der Rückseite des Monuments, 1926

welches das Siegesdenkmal eine Art Eingangstor sein sollte. Analysiert wurden auch die Entwicklungen, die mit der Industrialisierung und mit der Errichtung von öffentlichen Bauwerken in Bozen in dieser Zeit zusammenhängen. 2011 war man daher in der Lage, das Siegesdenkmal in einen größeren Kontext zu stellen. Außerdem war das politische Klima entspannter als in den Jahren zuvor. Ich möchte in diesem Zusammenhang aber auch festhalten, dass es schon 1993 ein Team von Wissenschaftlern gegeben hat, die den Auftrag hatten, Vorschläge für eine angemessene Kontextualisierung des Siegesdenkmals auszuarbeiten. Leider verliefen die Arbeiten ergebnislos, weil die wissenschaftlichen Erkenntnisse und das politische Klima damals noch nicht so weit fortgeschritten waren, um einen mutigen Vorschlag für einen Ausstellungsparcours zu formulieren.

Das Siegesdenkmal stand seit dem ersten Entwurf im Fokus von kritischen Debatten, auch auf nationaler Ebene. Eines der wiederkehrenden Themen ist die Rolle des Denkmals: Geplant als Zeichen des Sieges und der Unterwerfung von fremdem Territorium, steht es gleichzeitig in der Tradition der Gefallenendenkmäler, wobei die Erinnerung an den Ersten Weltkrieg als Rechtfertigung für das eigene Tun funktionalisiert wird.

Das Siegesdenkmal war nie, auch nicht in den ersten Entwürfen, als Gefallenendenkmal konzipiert. Es ist ein Denkmal, das die Eroberung und Kolonialisierung von Südtirol zelebriert und die drei „Märtyrer“ des Irredentismus Cesare Battisti, Damiano Chiesa und Fabio Filzi glorifiziert, letztere gleichsam als Garanten dafür, dass der südliche Teil Tirols Italien zugeschlagen wurde. Die Bezüge zum Ersten Weltkrieg und zu dessen überaus hohen Opferzahlen sind hingegen weit geringer, als man annehmen könnte. Dazu rechnen etwa die drei Medaillons von Pietro Canonica auf dem Westgiebel des Siegesdenkmals. Die gesamte Symbolik des Denkmals ist auf die Eroberung Südtirols und seine Durchdringung in wirtschaftlicher, infrastruktureller und kultureller Hinsicht gerichtet.

Welche Rolle spielte das Siegesdenkmal in der Politik Mussolinis?

Die Entstehungsgeschichte des Siegesdenkmals ist sehr interessant, aber wenig bekannt. Die Idee, in Bozen ein Denkmal zu errichten, entstand als Folge der Debatte in Südtirol und in Rom, die Waltherstatue vom Waltherplatz zu entfernen. Die Polemik um Walther ging im Wesentlichen auf faschistische Parteigänger vor Ort

> Modell des von Marcello Piacentini geplanten Siegesforums rund um das Monument, ausgestellt auf der Mailänder Architektur-Triennale von 1933

zurück. Mussolini war davon wenig begeistert, da er wusste, dass eine solche Maßnahme zu heftiger Kritik, auch auf internationaler Ebene, führen würde. Er nahm daher vorerst davon Abstand, das Waltherdenkmal beseitigen zu lassen; tatsächlich wurde es dann ja erst 1935 entfernt. Mussolini wollte hingegen ein Projekt mit viel größerer Tragweite verwirklichen – auch um Ettore Tolomei und seine Anhänger zufrieden zu stellen; es sollte so etwas wie die Synthese des faschistischen Gedankenguts sein. Dieses Projekt würde mehr Gewicht haben, als die Entfernung eines Denkmals aus dem 19. Jahrhundert von einem der Plätze der Stadt Bozen. Daher wurden in relativ kurzer Zeit die Inhalte und Elemente des Siegesdenkmals definiert. Die ersten Entwürfe enthalten sehr unterschiedliche bildhauerische Vorschläge. Marcello Piacentini, der mit der Planung beauftragt wurde und wenig Interesse an einer rein regionalen Signalwirkung hatte, bestimmte maßgeblich das Gesamtkonzept des Denkmals. Piacentini erkannte, dass die Errichtung dieses Denkmals gerade an einem neuralgischen Punkt des Stadtraums den Weg ebnen würde für die Planung eines gesamten neuen Stadtviertels. Das Monument sollte das Eingangstor zu diesem neuen Stadtteil werden.

Das Siegesdenkmal ist eng mit den weitreichenden städtebaulichen Plänen Mussolinis verbunden, und Marcello Piacentini kam offensichtlich gerade recht, um dies zu erledigen...

Das ist eines der interessanten Ergebnisse meiner Nachforschungen von 1993. Aus den Unterlagen geht eindeutig hervor, dass Piacentini auch auf seinen eigenen Vorteil bedacht war, als er das Siegesdenkmal plante und die Bauaufsicht übernahm. Das Siegesdenkmal ebnete ihm den Weg für eine ganze Reihe von Aufträgen, der wichtigste davon war der Wettbewerb für die Ausarbeitung des Bauleitplanes für den neuen Stadtteil von Bozen. Es war sicher kein Zufall, dass es keinen Wettbewerbsgewinner gab. Piacentini machte sich alle Unterlagen und Studien zu eigen und verwirklichte dann das, was ihn am meisten interessierte: den städtebaulichen Entwicklungsplan für ein neues, modernes Stadtviertel in Bozen, samt Hauptverkehrsachsen und Nebenstraßen und mit dem Siegesdenkmal als einer Art Portal des neuen Stadtteils.

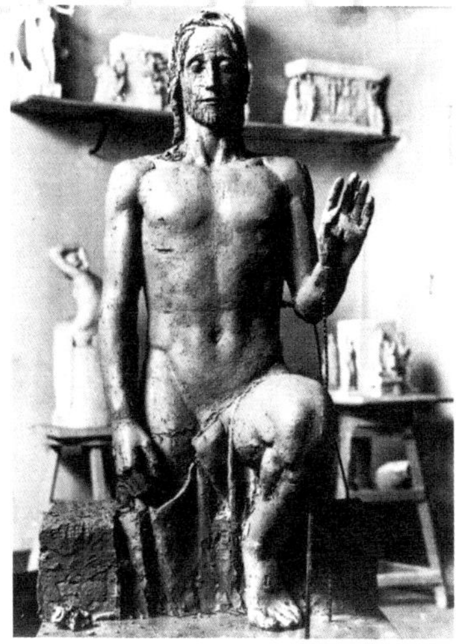

> Maßstabgetreues Modell für den auferstandenen Christus von Libero Andreotti (vermutlich in dessen Atelier), 1926

Rund um das Siegesdenkmal gab es nicht nur Debatten über seinen Zweck, sondern auch über die verschiedenen „Stile" für Monumentalbauten. Sollte das Siegesdenkmal nach Meinung des regimetreuen Kunstkritikers Ugo Ojetti ein Denkmal sein, das sich an einem maßvollen neoklassizistischen Stil orientierte, um einen „gerechten Sieg" zu zelebrieren?

Piacentini bleibt seiner eher konservativen Linie treu. In diesem Sinne gehört das Siegesdenkmal zu einer ganzen Reihe von Bauten, die Piacentini in jener Zeit entwarf und verwirklichte, wie z.B. den Siegesbogen in Genua. Das äußere Erscheinungsbild des Siegesdenkmals ist der Tradition verhaftet, erkennbar vor allem an den Studien, die Piacentini für die Entwicklung des sog. liktorischen Stils durchführte, der eigentlich zum ersten Mal in Bozen verwirklicht wurde.

Abgesehen vom äußeren Erscheinungsbild weist das Siegesdenkmal aber in seinen „Innenräumen" in architektonischer Hinsicht schlichte und durchaus experimentelle Aspekte auf, auch hinsichtlich des Verhältnisses von Architektur und Bildhauerei. Wenn man das Gebaute mit dem Originalprojekt vergleicht, so sieht man, dass die Außenfassade im Großen und Ganzen dem Urspungsprojekt entspricht, während der „Innenbereich", d.h. der Teil unter dem Architrav, völlig neu gestaltet wurde. Das erste Projekt sah eine sehr der Tradition verbundene Gestaltung vor mit Nischen und Einbuchtungen, die sich harmonisch in das Gesamtkonzept einfügten. Das heutige Siegesdenkmal, an dem man meiner Meinung nach den Einfluss von Adolfo Wildt sehr deutlich erkennt, zeichnet sich hingegen durch eine gewisse Abstraktheit aus. Große Flächen ohne Unterbrechungen und eine sehr ausgewogene Verwendung von Marmor mit unterschiedlicher Farbgebung sind die ideale Kulisse für die drei Büsten von Wildt. Und hier lässt sich auch die Polemik zwischen Wildt und Andreotti begreifen: Andreotti hatte sich nämlich beschwert, dass sein Vorschlag zur Gänze verworfen und Wildt bevorzugt worden sei. Andreotti äußerte sich sogar einmal sehr abfällig über die Büsten seines Kollegen. Meiner Meinung nach ist das Siegesdenkmal in seiner heutigen Form ein perfektes Umfeld für die drei Plastiken Wildts, und auch die Bronzeskulptur des auferstandenen Christus von Andreotti wird in angemessener Form zur Geltung gebracht.

< Steingerechtes Aufmaß der Vorderseite des Siegesdenkmals

Ein Architekt – viele verschiedene Künstler. Wie ist die Entscheidung zu erklären, so viele Künstler mit so unterschiedlichen Stilen zu verpflichten? Wie viel davon ist der Wille Piacentinis, was wurde ihm aufgezwungen?
Gewiss wollte man mit dem endgültigen Projekt alle Kunstrichtungen der damaligen Zeit und ihre Verfechter zufrieden stellen. Und es muss zudem auch der Einfluss einer damals sehr wichtigen Persönlichkeit im Bereich der Kunstkritik berücksichtigt werden, nämlich von Margherita Sarfatti, die Adolfo Wildt, aber auch Libero Andreotti sehr nahe stand. Sehr wahrscheinlich ist die Liste der ins Auge gefassten Bildhauer, welche Mussolini vorgelegt wurde, von Sarfatti zusammengestellt worden. Man muss noch hinzuzufügen, dass Giovanni Prini, der die Protomen mit den behelmten Soldatenköpfen schuf – ein insgesamt eher bescheidener bildhauerischer Beitrag –, Piacentini sehr nahe stand. Das gleiche lässt sich für die Siegesallegorie von Arturo Dazzi sagen. Pietro Canonicas Beitrag hat hingegen wenig Gewicht im Gesamtwerk. Wahrscheinlich war sein akademischer Einfluss für die Beauftragung ausschlaggebend, aber in Wirklichkeit wurde er mit eher nebensächlichen Arbeiten beauftragt. Guido Cadorin, der die Fresken in der Krypta schuf, stand Piacentini ebenfalls sehr nahe. Das ist ein Spiel der Kräfte, das die Gleichgewichte und die kritischen Positionen im Künstlerpanorama jeder Zeit aufzeigt, gerade angesichts der Bedeutung, die das Siegesdenkmal von Anfang an hatte.

Wenn man einmal die Geschichte hinter diesen widersprüchlichen Denkmälern aufgearbeitet hat, wie soll man sich zwischen Ideologie und Authentizität entscheiden, sobald man Entscheidungen angesichts eines solchen Denkmals treffen muss oder auch nur einen Restaurierungseingriff plant?
Angesichts der vielen Jahrzehnte, die seit dem Bau des Siegesdenkmals vergangen sind, führt doch kein Weg daran vorbei, auf die Entstehungsbedingungen eines Denkmals zu schauen und ihre Historisierung voranzutreiben, selbst wenn Denkmäler dieser Art auch heute noch bisweilen als beschämend empfunden werden. Die Zerstörung von solchen Symbolen ist dann gerechtfertigt, wenn sie mit der Zerschlagung des Regimes einhergeht, in dessen Auftrag sie errichtet worden sind. Das ist oft geschehen, und man kann dann wenig daran aussetzen. Ist hingegen ein langer Zeitraum seit der Errichtung eines Denkmals vergangen, und ist es immer noch vorhanden, so muss das Urteil milder ausfallen. Diese Denkmäler sind nicht

> BZ '18–'45: Der Leuchtring an einer der Säulen der Vorderseite des Denkmals

nur Zeitzeugen, sondern sie haben auch einen architektonischen und künstlerischen Wert. Der einzig richtige Weg ist die Erforschung, die faktenbasierte Information und das Bemühen, Erkenntnisse in verständlicher Form zu vermitteln.

"*Der Ring auf der Nase der faschistischen Rhethorik*"[1] also der Ring an der liktorischen Säule an der Vorderseite des Siegesdenkmals ist ein Element, das auch bei den größten Befürwortern des neuen Ausstellungsparcours Kritik hervorgerufen hat. Er wird nämlich als Überschreitung der Grenze empfunden, die über eine Kontextualisierung hinausgeht…

Der Ring ist ein sehr wichtiges Element und er unterstreicht den innovativen Charakter des Ausstellungsparcours. Sein Zweck ist es, die Aufmerksamkeit auf das Denkmal zu lenken, Hinweis zu sein auf diesen besonderen Ort. Der Ring greift kaum in das architektonische Konzept des Denkmals ein, und er könnte theoretisch auch wieder entfernt werden. Sicherlich ist er auch Ausdruck des Willens, auf demokratische und nicht auf besitzergreifende Weise den ideologisch aufgeladenen Liktorenbündeln gleichsam zu widersprechen. Es war nicht nur eine situationsbedingte Entscheidung, sondern eine grundlegende Option, die kritische Auseinandersetzung mit der faschistischen Ideologie, die in diesen imposanten Liktorenbündeln zu Stein geworden ist, herauszustreichen. Es wurde nichts abgerissen oder verändert. Ein neues Element wurde einem anderen, bereits vorhandenen Substrat hinzugefügt, um die Ablehnung einer Ideologie zum Ausdruck zu bringen, die – wie wir alle wissen – auch gemäß unserer Verfassung verboten ist.

Ist es Ihrer Meinung nach geglückt, die Diskussion über dieses widersprüchliche Denkmal auf eine europäische Ebene zu heben und sie auf diese Weise aus der lokalen und nationalen Debatte herauszuholen?

Die Aufmerksamkeit, die dem Siegesdenkmal mittlerweile entgegengebracht wird, reicht weit über die regionalen und nationalen Grenzen hinaus. Ein Projekt dieser Art stößt ein Umdenken auch in Bezug auf andere Bauwerke an, die mit einer großen Erblast und viel Erinnerung behaftet sind. Es wird die Chance geboten, verschiedene Lösungen durchzudenken und zu überprüfen, die andernorts verwirklicht wurden, wie z.B. in Deutschland, aber nicht nur dort. Die Debatte war breit genug angesetzt. Und die *Besondere Anerkennung* im Rahmen der Preisverleihung für das Europäische Museum 2016 ist eine Bestätigung dafür, dass dieses Thema sehr wohl von internationalem Interesse ist.

[1] Zitat von Alessandro Leogrande, in Pagina99, 06.12.2014

VON G
UND
DENKM

ESTEN

ÄLERN

SABRINA MICHIELLI

EIN GESPRÄCH MIT JEFFREY T. SCHNAPP

Denkmäler haben in der Geschichte der Menschheit sehr unterschiedliche Funktionen. Die Dokumentations-Ausstellung im Siegesdenkmal Bozen beginnt mit der Frage, was ein Denkmal ist. Die Antwort darauf ist vielschichtig und erfordert komplexe Überlegungen. Als erstes ist zu klären, wie sich das Bozener Siegesdenkmal in die „Tradition der Denkmäler" einordnen lässt.

Das Siegesdenkmal entsteht gegen Ende einer Zeitspanne von einhundert Jahren, die in treffender Weise als „Jahrhundert der Denkmäler" bezeichnet werden kann. Ich meine damit das 19. Jahrhundert. In dieser Zeit entstand eine Vielzahl von Denkmälern, die zum festen Bestandteil des öffentlichen Lebens aufrückten, und es gab sie sowohl in großen Städten wie in entlegenen Dörfern. Während des Ersten Weltkrieges und in den Jahren unmittelbar hernach lässt sich ein erster Höhepunkt in der Errichtung von Denkmälern, Kunstwerken und Erinnerungsstätten verzeichnen. In den meisten Fällen waren es Gedenkstätten für die Gefallenen, denn die Opferzahlen des vierjährigen Großkriegs waren gewaltig.
Das Siegesdenkmal entsteht also vor dem Hintergrund dieser grundstürzenden Ereignisse und als Ausfluss einer Denkmalkultur, die zum einen der Opfer des Krieges gedenken und andererseits die enorme Tragweite der Ereignisse vermitteln wollte. Im spezifischen Fall des Siegesdenkmals ist der Grundgedanke ein politischer und propagandistischer, der eng mit der Geschichte der Stadt Bozen und des Landes Südtirol verknüpft ist. 1926 wollte die italienische Regierung auf „monumentale" Weise, also auch raumgreifend, die Präsenz des italienischen Staates in einem neugewonnenen Gebiet aufzeigen, das von heftigen Turbulenzen und Auseinandersetzungen geprägt war.

Wie fügt sich das Siegesdenkmal in die Erinnerungskultur von früher und heute ein?

Das Siegesdenkmal hat, wie viele andere Denkmäler einer bestimmten Größe auch, zweifelsfrei die Funktion des Gedenkens und der Festigung von Erinnerungskultur. Auf der anderen Seite handelt es sich beim Siegesdenkmal um ein Monument, das die Erinnerung in die Gegenwart überträgt, in aktuelle politische Entscheidungen und soziale und wirtschaftliche Praxis. Es ist heute – ebenso wie in der Vergangenheit – nicht nur ein Rückblick auf Geschehenes, sondern auch Anlass für Mobilisierung und Agitation. Dieses widersprüchliche Potential eignete dem Siegesdenkmal von Anfang an: Zu Beginn war es der Schauplatz für Veranstaltungen des faschistischen Regimes. Nach dem Zweiten Weltkrieg wurde es zu einem Ort, an dem sich Ideologien und politisches Handeln polarisierten. Das Siegesdenkmal diente dazu, die Identität Bozens und des gesamten Landes neu zu definieren. Es hat im Laufe der Jahre mehrmals den Versuch gegeben, dem Monument eine neue Bedeutung zu verleihen. Jedes Denkmal kann neu bestimmt werden, und diese Veränderungen werden auch wieder Teil seiner Geschichte.

Das Siegesdenkmal ist Architektur, Erinnerung und Identität. Gibt es noch andere Denkmäler dieser Art?

Ich glaube, das Siegesdenkmal gehört zu einer Gruppe von Denkmälern, die paradoxerweise und gerade in ihrer Widersprüchlichkeit Denkmäler von sehr großer Tragweite sind, sowohl hinsichtlich ihrer besonderen Entstehungsgeschichte wie der manipulativen Absichten ihrer Bauherren. Aus diesen Gründen entfaltete sich um sie, früher wie heute, eine sehr lebhafte Diskussion. Denkmäler dieser Art sind – unabhängig davon, ob sie in ästhetischer oder architektonischer Hinsicht gefallen oder nicht – wegen der Hintergründe, die zu ihrer Errichtung geführt haben, stets sehr lebendig geblieben. Beispielhaft sind die Denkmäler in der ehemaligen Sowjetunion (einige wurden geschleift, andere nicht) oder das Nationalmonument im *Valle de los Caídos*[1] in Spanien.Bei solchen komplexen Denkmälern gibt es immer kontroverse Meinungen. Vereinfacht gesagt kann man behaupten, dass es auf der einen Seite Leute

Das Nationalmonument des Heiligen Kreuzes im Tal der Gefallenen (Valle de los Caídos) nördlich von El Escorial bei Madrid

[1] *Die Heilig-Kreuz-Basilika befindet sich ca. 13 km nördlich von El Escorial, im Val de los Caídos. Das monumentale Mausoleum ist eine Gedenkstätte für die Gefallenden im spanischen Bürgerkrieg und wurde zwischen 1940 und 1956 errichtet. Der einschiffige Kirchenbau mit einer großen, mit Mosaiken geschmückten Kuppel, wurde in den Fels gehauen, und auf der Bergspitze steht ein riesiges Betonkreuz. In der Krypta befinden sich der Hauptaltar und die Gräber von José Antonio Primo de Rivera und von Francisco Franco.*

gibt, die dafür sind, problematische Denkmäler zu schleifen, denen wiederum Leute gegenüberstehen, die deren Erhaltung befürworten und eine kritische und/oder kunsthistorische Auseinandersetzung mit ihnen fordern. Im Falle Bozens denke ich, dass die Dokumentations-Ausstellung *BZ '18–'45* den richtigen Weg aufzeigt, wie man mit schwierigen Denkmälern umgehen sollte. Sie zwingen uns zu einer kritischen Auseinandersetzung mit der Geschichte im Allgemeinen und mit der besonderen Geschichte eines Ortes und seiner Region.

Dokumentations-Ausstellung BZ '18–'45, Eckraum 1: Was ist ein Denkmal?

Als Piacentini den Auftrag für das Siegesdenkmal erhielt, war gerade eine heftige Debatte über die Architektursprache von Denkmälern im Gange. Welche Position nimmt hier Piacentini mit dem Siegesdenkmal ein?

Marcello Piacentini war ein Architekt mit ausgeprägter Sensibilität, und es steht außer Zweifel, dass er die damaligen Debatten aufmerksam verfolgte. Unter den Architekten war gerade eine Art Revolte im Gange. Viele traten für Erneuerung und Modernität ein und wandten sich gegen die Kultur des 19. Jahrhunderts. Es war das Jahrhundert der sentimentalen Denkmäler gewesen, und daher wurde nun beim Bau von Denkmälern auf Elemente verzichtet, die Gefühle ansprechen oder ausdrücken wollten, wie z.B. Darstellungen des gefallenen Soldaten oder Plastiken des anonymen Kämpfers, der das Sinnbild des Staates und der Nation ist. Piacentini zeigt in seinen Entwürfen für das Siegesdenkmal ein gewisses Interesse an der griechisch-römischen Klassik. Das Siegesdenkmal hat moderne Züge, ohne avantgardistisch zu sein. Piacentini hat ein Denkmal geschaffen, das die gleiche Sprache spricht wie die Denkmäler im römischen Kaiserreich, aber zugleich einen deutlichen Gegenwartsbezug aufweist.

Der Bolschewismus der Ära Lenin-Stalin, der Faschismus Mussolinis und der Nationalsozialismus Hitlers: In allen drei totalitären Regimen wurde versucht, die Architektur und die Kunst für propagandistische Zwecke zu vereinnahmen. Welche Haltung vertrat der Faschismus in diesem Zusammenhang?

Das Vietnam Veterans Memorial in Washington D.C., Detail

Die Kulturpolitik des faschistischen Regimes war weit komplexer als in Deutschland unter Hitler oder in anderen totalitären Regimen. Benito Mussolini hatte auf die Frage, was denn eigentlich die faschistische Kultur sei, nicht nur eine einzige Antwort parat, zumindest nicht im Bereich der Architektur. Das Siegesdenkmal kann getrost als erstes, rein faschistisches Denkmal bezeichnet werden. Piacentini hat hier einen Mittelweg beschritten: Das Siegesdenkmal ist weder radikal modern noch exzessiv historisierend im Sinne der Kunst des 19. Jahrhunderts. Dieser Kompromiss ist für die Kultur der 1920er Jahre bezeichnend. Das Siegesdenkmal ist das erste Beispiel „liktorischer" Architektur, die dann in den 1930er und 1940er Jahren eher die Regel als die Ausnahme sein wird.

Der Gang der Geschichte hat gezeigt, dass normalerweise mit dem Tod ihrer Erbauer auch die Strahlkraft und die soziopolitische Wirkung von Denkmälern schwinden. Beim Siegesdenkmal lässt sich das aber kaum behaupten. Welchen Zweck haben historische Denkmäler heute?

Ich denke, dass die zu Beginn des 20. Jahrhunderts begonnene Debatte zwischen Architekten und Philosophen über den Sinn von Denkmälern auch heute noch aktuell ist. Laut *Robert Musil*[2] sind Denkmäler ohnehin dazu bestimmt, vergessen zu

[2] Robert Musil (Klagenfurt, 6. November 1880 – Genf, 15. April 1942) war ein österreichischen Schriftsteller und Dramaturg. In der Essaysammlung „Nachlass zu Lebzeiten" äußerte sich Musil an einigen Stellen sehr kritisch zum Thema "Denkmal" und vertrat generell die Ansicht, dass Denkmäler sinnlos sind.

Das National September 11 Memorial & Museum in New York

werden. Daher ist ein Denkmal, das noch auffällt, eigentlich die Ausnahme. Zur Zeit wird der Erinnerungskultur sehr viel Aufmerksamkeit geschenkt. Es ist eine Art von Demokratisierung, die es möglich macht, jene Ambivalenz aufrecht zu halten, die zu Piacentinis Zeit hinsichtlich der Denkmaltypologie bestand. Was wir hingegen in Bezug auf die Denkmäler heute feststellen können, sind die Ablehnung jeglichen Kompromisses und die Suche nach experimentellen Ausdrucksformen. Das beste Beispiel hierfür ist das *Vietnam Veterans Memorial* in Washington von *Maya Ying Lin*[3]. Auf einer Granitwand sind die Namen der Gefallenen eingemeißelt. Es gibt keine menschlichen Plastiken, nur eine schier endlose Reihe von Namen, wie auf einem riesigen Grabstein. Hier ist Erinnerung nicht die Betrachtung eines enormen Bauwerks aus der Ferne, sondern Blick aus der Nähe, in Interaktion mit sich selbst, z.B. indem man den eingemeißelten Namen eines Gefallenen auf Papier schraffiert und auf diese Weise vergegenwärtigt. Bei den heutigen Denkmälern wird immer wieder versucht, Partizipation zu ermöglichen, das aktive Erinnern steht im Vordergrund. Es handelt sich hier um eine gesitige Prägung, die noch aus der Zeit stammt, in der auch das Siegesdenkmal entstanden ist. Die heroisch-militärische Verehrung passt nicht mehr zu unserer Zeit, wir haben heute andere Bedürfnisse.

[3] *Gedenkstätte für die amerikanischen Soldaten, die im Vietnamkrieg für das Vaterland gefallen sind: Es sind mehr als 58.000 Namen eingraviert. Die Gedenkstätte wurde 1982 in den Gärten neben der National Mall nahe dem Lincoln Memorial errichtet.*

Unsere Gegenwart ist sehr arm an Denkmälern. Warum eigentlich?
Das ist eine gute Frage. Es gibt eine wachsende Skepsis gegenüber Denkmälern, die eine heroische und patriotische Verehrung für den Staat ausdrücken. Diese Denkmäler sind für uns heute Kitsch. Es ist aber auch wahr, dass es den starken Wunsch gibt, sich an bedeutende Ereignisse zu erinnern, ohne patriotisch sein zu wollen, denn das passt – wie bereits erwähnt – nicht mehr in unsere Zeit. Wir befinden uns in einem Kraftfeld, in dem Architekten sehr unterschiedliche Ausdrucksformen für Denkmäler entwickeln. Das *National September 11 Memorial & Museum*[4] in New York z.B. besteht aus einem Loch im Boden. Es versinnbildlicht die große Leere und soll einladen, darüber nachzudenken, was oder wer fehlt, und nicht mehr darüber, wer oder was gerade da ist. Die alten Denkmäler gefallen uns heute nicht mehr. Uns sprechen eher „Räume" als „Objekte" an. Vielleicht ist das auch Ausdruck einer demokratischen Kultur, die ein kritisches Verhältnis zur Vergangenheit entwickelt hat.

Claes Oldenburg, Skulptur Spoonbridge and Cherry, Minneapolis Sculpture Garden, Walker Art Center, Minneapolis

[4] *Das National September 11 Memorial & Museum entstand an der Stelle der beim Anschlag vom 11. September 2001 zerstörten und eingestürzten Zwillingstürme des World Trade Center. Das Projekt stammt vom israelisch-amerikanischen Architekten Michael Arad von Handel Architects. Die Gedenkstätte wurde 2011 eingeweiht.*

Maurizio Cattelan, L.O.V.E., Börsenplatz in Mailand

< Jeffrey T. Schnapp mit Mitgliedern der wissenschaftlichen Kommission, Oktober 2013

Apropos Objekte – handelt es sich um Kunst im öffentlichen Raum oder um Denkmäler, wenn wir z.B. an die Skulptur *L.O.V.E.*[5] von Maurizio Cattelan auf dem Platz vor der Mailänder Börse denken? Was legitimiert ein Denkmal und seine Funktion?

Ein banales Objekt aus dem Alltag wird zu einem überdimensionalen Kunstobjekt, wenn es im öffentlichen Raum steht. Ich denke z.B. an *Claes Oldenburg*[6]. Gerade angesichts der vielen verschiedenen Überlegungen über Denkmäler glaube ich, dass Anti-Denkmäler oder Nicht-Denkmäler auch Denkmäler sind. Meiner Meinung nach ist der „Mittelfinger" von Cattelan ein Denkmal. Es ist ein Denkmal, das eine bestimmte Sprache der Denkmäler ironisiert, z.B. die Darstellung des Kaisers als Titan und seiner Hand als Zeichen von Autorität und Kraft. Cattelan entzaubert diese Sprache mit Komik und entwaffnender Ironie. Und das ist auch heute noch eine Reaktion auf das Denkmalkonzept, das wir aus der Vergangenheit geerbt haben.

[5] Die Skulptur des zeitgenössischen italienischen Künstlers Maurizio Cattelan (geboren 1960 in Padua) zeigt eine überdimensionale Hand, deren zum faschistischen Gruß ausgestreckte Finger – mit Ausnahme des Mittelfingers – abgetrennt sind.

[6] Claes Oldenburg ist 1928 in Schweden geboren, lebt aber seit seiner Kindheit in den USA. Er ist einer der bekanntesten amerikanischen Künstler, der vor allem Objekte aus dem Alltagsleben in gigantische Dimensionen überträgt. Einige Beispiele: das Lipstick Monument (1996) vor der Yale University in New York, ein riesiger Lippenstift, der aus einem Panzer herausragt, oder Clothespin (1979) auf dem Center Square Plaza in Philadelphia, eine überdimensionale Wäscheklammer aus Cortenstahl, oder auch Spoonbridge and Cherry, ein bogenförmig geschwungener Löffel mit einer großen roten Kirsche. Das Kunstwerk steht im Minneapolis Sculpture Garden. Für die Piazza Cadorna in Mailand entwarf der Künstler 2000 Ago, Filo e Nodo, eine zweiteilige, bunte Skulptur mit einem Knoten und einer Nadel mit Faden.

BOZEN U
TIROL 19

ND SÜD-
8–1945

ANDREA DI MICHELE

DER HERRSCHAFTSWECHSEL

Eine Welt geht zu Ende

Der Erste Weltkrieg (1914–1918) war ein so beispielloser wie grauenvoller Krieg. Er hinterließ nicht nur Millionen Tote, sondern erschütterte auch das Alltagsleben der Soldaten und der gesamten Zivilbevölkerung nachhaltig. Die Folgen des Krieges waren weitreichend und gruben sich tief in das wirtschaftliche und gesellschaftliche Leben, das kollektive Gedächtnis und die privaten Erinnerungen der Menschen ein.

Nach Kriegsende lagen mit dem Habsburgerreich, dem Russischen, dem Deutschen und dem Osmanischen Reich vier große Herrschaftsräume in Trümmern. Die politische Landkarte Europas musste in weiten Teilen neu gezeichnet werden.

Ausschlaggebend für das Ende des jahrhundertealten Habsburgerreiches waren die zahlreichen Nationalitätenkonflikte im Vielvölkerstaat. In Tirol führten die durch den Krieg angefachten nationalistischen Spannungen zu einer immer größeren Kluft zwischen der deutschsprachigen und der italienischsprachigen Bevölkerung.

Der Kriegseintritt des ehemaligen Bündnispartners Italien an der Seite der Entente wurde von den österreich-ungarischen Streitkräften als Verrat gewertet, und die Antwort darauf sollte auch Österreichs italienische Bevölkerung im Trentino, in Triest und in Julisch-Venetien zu spüren bekommen. So wollte man das der Unzuverlässigkeit bezichtigte Trentino nach dem Krieg einer nachhaltigen Entnationalisierung unterziehen, die von der Einführung deutscher Ortsnamen und Ortsschilder bis zur teilweisen Abwicklung des Unterrichts in deutscher Sprache reichte.

Doch nach der Niederlage der Habsburgermonarchie im Ersten Weltkrieg war die Lage eine vollkommen andere: Unmittelbar nach Kriegsende durchquerten Hunderttausende versprengter Soldaten des k. u. k. Heeres die Gebiete südlich des Brenners, um in ihre Herkunftsländer zurückzugelangen. Österreicher, Ungarn, Tschechen, Polen, Rumänen und andere machten sich auf den Weg in ihre neue Heimat – in einen der Nachfolgestaaten des früheren Vielvölkerreiches. Die durchziehende Masse führungsloser und marodierender Soldaten bedeutete für die Bevölkerung des südlichen Tirols eine letzte, schwere Prüfung, die der Krieg für sie bereithielt.

Die Ankunft der siegreichen italienischen Truppen bereitete den Plünderungen und Gewalttaten schließlich ein Ende. Trotzdem war der sich abzeichnende Herrschaftswechsel für die deutsche Bevölkerung in Südtirol ein gewaltiger Schock. So verschmolzen der Untergang Österreich-Ungarns und das damit einhergehende Ende der deutschen Vormachtstellung in Gesamttirol, die Bestürzung über den italieni-

Versprengte Truppenteile des österreichisch-ungarischen Heers in Bozen, 6. November 1918

Einweihung des neuen österreichisch-italienischen Grenzsteins am Brenner, 13. Oktober 1921

schen Verrat und die erzwungene Eingliederung der weitgehend deutschsprachigen Bevölkerung in das italienische Staatsgebiet zu einem kollektiven Trauma.

Die Teilung Tirols – Die „heilige" Grenze am Brenner

Der am 10. September 1919 unterzeichnete Friedensvertrag von Saint-Germain-en-Laye besiegelte die endgültige Teilung Tirols: Italien bekam sowohl das Trentino als auch Südtirol zugesprochen und benannte letzteres in „Alto Adige" bzw. „Hochetsch" um. Die neue Grenze wurde im Wesentlichen entlang der Waffenstillstandslinie gezogen. Die beiden Landesteile – Trentino und Südtirol – waren zwar geographisch gesehen Nachbarn, doch von ihrer sprachlichen und ethnischen Zusammensetzung grundverschieden. Während im Trentino Italienisch gesprochen wurde, war Südtirol überwiegend deutschsprachig. Lässt sich also die italienische Forderung nach einer Angliederung des Trentino mit dem Wunsch nach Vollendung der nationalen Einheit erklären, so fußte Italiens Anspruch auf Südtirol allein auf expansionistischen und militärischen Überlegungen.

(Die Brennergrenze wurde im Gegensatz zur Grenzlinie bei Salurn, die die Sprachgrenze zwischen den deutsch- und den italienischsprachigen Siedlungsgebieten markierte, als militärisch unverzichtbar eingestuft).
Am 13. Oktober 1921 wurde in Anwesenheit des italienischen Königs Viktor Emanuel III. der neue Grenzstein am Brenner feierlich eingeweiht. Damit setzte auch eine Sakralisierung der Brennergrenze und des Grenzsteines ein – beide rückten zum sinnfälligen Symbol des Sieges und der Eroberung auf. In den Folgejahren, vor allem in der Zeit des Faschismus, wurden an der Grenze zahlreiche öffentliche Veranstaltungen abgehalten, die dem Brenner eine quasireligiöse Bedeutung verliehen. So organisierte die *Legione Trentina*, der Verband der freiwilligen Kämpfer aus dem Trentino, zu Ehren der 650.000 im Krieg gefallenen „Märtyrer" wallfahrtsähnliche Pilgerfahrten zu den „heiligen" Grenzen der Nation.

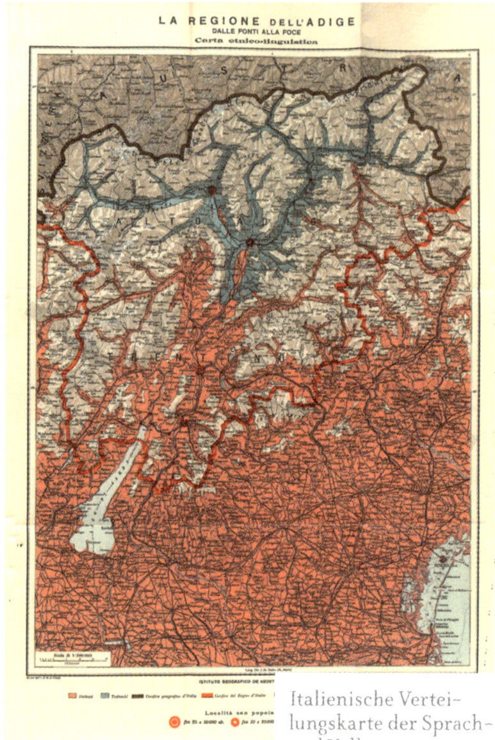

Italienische Verteilungskarte der Sprach- und Volksgruppen im Einzugsgebiet der Etsch, 1915

Die kartografische Darstellung Südtirols

Wie die Geographie, die Geschichtsschreibung und sogar die Naturwissenschaften, ließ sich auch die Kartographie wiederholt vor den Karren der nationalistischen Strömungen des 19. und 20. Jahrhunderts spannen. Landkarten und die darin enthaltenen Gebietsdarstellungen sollten dabei behilflich sein, den Anspruch von Nationen auf bestimmte Regionen wirkungsvoll zu untermauern.
Ein besonders bezeichnendes Beispiel ist die Karte des *Istituto geografico De Agostini*, die der Trentiner Nationalist Ettore Tolomei 1915 in der Zeitschrift *Archivio per l'Alto Adige*, deren Herausgeber er war, abdruckte und die durch eine geschickte Farbenwahl die zahlenmäßige Unterlegenheit der deutschen Bevölkerung am Südrand der Alpen gegenüber der kompakten italienischen Bevölkerung bestmöglich zur Geltung bringen sollte. Das blassblau eingezeichnete Siedlungsgebiet der „fremdstämmigen" Bevölkerung, dessen Umrisse an einen sterbenden Adler erinnern, droht auf dieser Karte förmlich von dem roten Ozean der unaufhaltsam gegen Norden

vorrückenden *Italianità* überflutet zu werden. „*Kurz gesagt, bietet die Karte*“, so Tolomei, „*eine anschauliche graphische Darstellung der unwiderlegbaren Gründe, weshalb die Etschregion eine unteilbare Einheit darstellt! Sie ist heiliger Boden des italienischen Vaterlandes!*“[1].
Tolomei machte seine Zeitschrift, die 1906 erstmals erschienen war, zum Fanal eines geradezu fanatischen Gebietsanspruchs auf die österreichischen Territorien südlich des Brenners. Auch die Tatsache, dass sich die Benennung „Alto Adige“ für Südtirol durchgesetzt hat, ist im Wesentlichen Tolomei zuzuschreiben. Geschickt führte er immer wieder räumlich-geographische Argumente ins Feld, etwa den Verlauf der Wasserscheide in den Alpen, jene Linie also, die die Zuläufe zu Eisack und Etsch, die in die Adria fließen, von den Zuläufen zur Donau, die ins Schwarze Meer mündet, trennt. Von Tolomeis Warte aus war die Annexion Südtirols durch Italien also nur folgerichtig, wenngleich er auch vermeintliche historische und kulturelle Gründe für die Zugehörigkeit dieser Region zum italienischen Machtbereich ins Feld führte.

LIBERALE ANFÄNGE

Südtirol unter militärischer Verwaltung – Konflikte zwischen Pecori Giraldi und Tolomei

< Die Meraner Bevölkerung beim Lesen von Kundmachungen der italienischen Militärbehörde, November 1918

Im November 1918 übernahm der italienische Militärgouverneur General Guglielmo Pecori Giraldi vorübergehend für einige Monate die Amtsgeschäfte im Trentino und in Südtirol. Pecori Giraldi war ein Vertreter des gemäßigten Flügels und ein scharfer Kritiker Ettore Tolomeis, dem das Ministerratspräsidium die Leitung des Kommissariats für die Sprache und Kultur des Oberetsch übertragen hatte. Die Zerwürfnisse innerhalb der staatlichen Organe zeigten, wie unversöhnlich sich die beiden Lager – auf Ausgewogenheit und die Wahrung der wesentlichen Minderheitenrechte bedacht die einen, Verfechter einer vehementen Italianisierungspolitik die anderen – gegenüberstanden, und wie unterschiedlich ihre politischen Vorstellungen für Südtirol waren.
Pecori Giraldi lehnte Tolomeis Maßnahmen zur Entnationalisierung von Schule,

[1] *La regione dell'Adige dalle fonti alla foce. Carta etnico-linguistica, in: Archivio per l'Alto Adige, Jg. 10, 1915, S. 233.*

Der Herzog von Aosta mit Generalzivilkommissär Luigi Credaro in Meran, 24. September 1922

Verwaltung, Ortsnamengebung usw. ausdrücklich ab. Er arbeitete vielmehr auf eine langsame und nachhaltige „friedliche Durchdringung" des Grenzlandes mit der italienischen Lebensart hin. Trotzdem steht außer Frage, dass auch die aufgeschlosseneren Vertreter des liberalen Italien das schrittweise Aufgehen der deutschen Minderheit im italienischen Volk als politisches Fernziel anstrebten. Für viele war es undenkbar, dass verschiedene Sprachgruppen dauerhaft in einem Nationalstaat leben. Darin unterschied sich Italien nicht sonderlich von den anderen großen europäischen Staaten.
Der Streit zwischen Pecori Giraldi und Tolomei hatte sich bereits an der ersten Bekanntmachung für Südtirols Bevölkerung entzündet, die auf Geheiß Pecori Giraldis zweisprachig abgefasst worden war und in der noch nichts auf die Italianisierung der Beschilderungen und Beschriftungen hingedeutet hatte. Eine Sache allerdings dürfte Tolomei mit Genugtuung zur Kenntnis genommen haben: Sowohl im italienischen wie auch im deutschen Text waren die Ortsnamen ausschließlich in italienischer Sprache angeführt.

Das liberale Italien und die „neuen Provinzen"

Nach dem Militärgouverneur übernahm Luigi Credaro als Generalzivilkommissar für das Gebiet *Venezia Tridentina*, dem auch Südtirol und das Trentino angehörten, die Amtsgeschäfte. Die Region stand immer noch unter provisorischer Verwaltung, und diese sollte zunächst eine achtsame und moderate Anpassung der neuen, autonomen Gebietsverwaltungen an die staatliche Rechtsordnung anbahnen. Credaro, der von Juli 1919 bis zur faschistischen Machtübernahme im Amt war, führte die im Wesentlichen moderate Politik der bisherigen Verwaltung fort, wenngleich es auch in seiner Amtszeit Auffassungsunterschiede, Kompetenzstreitigkeiten und Rechtsunsicherheit gab. Zudem schwächten die unstabilen parlamentarischen Mehrheitsverhältnisse die liberalen Regierungen zusehends. Ihre mangelnde Durchsetzungsfähigkeit spielte der nationalistischen und faschistischen Rechten in die Hände.

Diese forderte vor allem ab Ende 1920 eine rasche und entschiedene Italianisierung der neuen Provinzen sowie die kompromisslose Anwendung der nationalen Rechtsnormen und versuchte, diesen Forderungen mit Pressekampagnen und immer öfter auch mit Gewalt Nachdruck zu verleihen. Zudem fanden die gemäßigteren Positionen der italienischen Seite in den konservativen Südtiroler Führungskreisen kaum Resonanz. Diese lehnten weiterhin jeglichen Kompromiss ab und hielten unbeirrt an der immer unwahrscheinlicher werdenden Vollautonomie fest. So verhärteten sich die Fronten zusehends, und die extremen Positionen fanden eine immer breitere Akzeptanz.
Im August 1921 trat die sogenannte *Lex Corbino* in Kraft. Dieses Gesetz sah vor, dass die in Südtirol ansässigen Italienerinnen und Italiener italienischsprachige Schulen besuchen mussten. Wer der italienischen Sprachgruppe angehörte, wurde von Amts wegen festgestellt; Eigenerklärungen der Betroffenen wurden nicht akzeptiert. Credaro hielt dieses Vorgehen für notwendig, weil viele italienische Bauern im Bozener Unterland ihre Kinder in deutsche Schulen schickten. Dies hatte vor allem wirtschaftliche Gründe, denn viele Italiener arbeiteten als Landarbeiter für deutschsprachige Grundbesitzer. „*Ob es nun gerechtfertigt ist oder nicht – sie fürchten sich vor der Rache der Grundbesitzer und wollen sie unter keinen Umständen gegen sich aufbringen. Auch deshalb schrecken sie davor zurück, ihre Kinder in die italienische Schule zu schicken. Gäbe es eine gesetzliche Pflicht, hätten sie von den Grundbesitzern nichts zu befürchten*“[2]. Angesichts des geringen sozialen und kulturellen Status der italienischen Bevölkerungsminderheit zogen es viele von ihnen vor, die Kinder in die deutsche Schule einzuschreiben, damit sie die meistgesprochene Sprache erlernten. Doch die sprachliche Zugehörigkeit ließ sich oft nicht zweifelsfrei bestimmen, zumal in einem Gebiet, in dem Italiener und Deutsche seit Generationen zusammenlebten. Oftmals gab es Proteste, wenn Kinder der italienischen Sprachgruppe zugesprochen wurden. Viele Familien aus „gemischtsprachigen Gebieten“ weigerten sich, ihre Kinder in die italienische Schule zu schicken. Auch gab es zahlreiche Rekurse gegen die Kommissionsentscheidungen.

Die Gewaltereignisse vom 24. April 1921 am Bozener Obstmarkt („Bozener Blutsonntag“)

[2] Begleitbericht von Luigi Credaro zum Gesetzesentwurf über die italienische und ladinische Schule in Südtirol, der am 13. Juli 1921 an den Ministerpräsidenten und den Unterrichtsminister übermittelt wurde. Credaro, Luigi: Le scuole popolari italiane nell'Alto Adige, Auszug aus: Rivista Pedagogica, 16. Jg., 1923, Band 1-2, S. 7.

THE SHIFT
IN SOVEREIGNTY
MAPS
BORDERS

Dokumentations-Ausstellung
BZ '18–'45, äußerer Rundgang, Raum 2:
Der Herrschaftswechsel

Aufmarsch von Schwarzhemden am Viktor-Emanuel-Platz (ehem. Waltherplatz) in Bozen, 1930er Jahre

Faschistische Gewalt – Der „Marsch auf Bozen"

Um ein härteres Durchgreifen bei der Italianisierung zu erwirken, erhöhten die Faschisten den Druck auf die liberalen Institutionen. Wiederholt bezichtigten sie Credaro bzw. die amtierenden Zentralregierungen der Schwäche und prangerten deren Unfähigkeit bei der Durchsetzung der *Italianità* in den neuen Provinzen an. Während sich die faschistische Bewegung italienweit rasch als Ordnungsmacht positionierte, die vor allem das linke Lager mit roher Gewalt bekämpfte, war sie im Gebiet der *Venezia Tridentina*, wo die linksgerichteten politischen Strömungen kaum eine Rolle spielten und moderatere Positionen vertraten, in erster Linie eine „nationale" Bewegung. Hier war nicht der „Bolschewik", sondern der „Deutsche" der Feind.

In Südtirol waren gewaltsame Übergriffe im Vergleich zu den Regionen Mittel- und Norditaliens, wo es neben den rasch an Zuspruch gewinnenden Faschisten eine besonders starke, regional tief verankerte sozialistische Bewegung gab, seltener. Gleichwohl waren sie von nachhaltig destabilisierender Wirkung.

In Bozen verübten Faschisten zwei besonders schwerwiegende Gewalttaten. Am 24. April 1921 wurde in Nordtirol eine Abstimmung über den angestrebten Anschluss an das Deutsche Reich abgehalten, die natürlich auch in dem von Italien annektierten Südtirol aufmerksam verfolgt wurde. Zufälligerweise öffnete am selben Tag die traditionsreiche Bozener Messe nach kriegsbedingter Unterbrechung wieder ihre Tore. Die Faschisten sahen darin eine Provokation, und so nahmen mehrere hundert Schwarzhemden aus dem Veneto dieses Ereignis zum Anlass, gemeinsam mit hiesigen Faschisten den traditionellen Trachtenumzug zu überfallen. Mit Knüppeln, Pistolen und Handgranaten griffen sie die Teilnehmer und Zuschauer an. Die tragische Bilanz: ein Toter, der Lehrer Franz Innerhofer, und über 50 Verletzte.

Zu weiteren gravierenden Übergriffen kam es beim sogenannten „Marsch auf Bozen": Wenige Tage zuvor hatten die Faschisten Bozens Bürgermeister Julius Pera-

thoner eine Liste mit ihren Forderungen übergeben und mit Gewaltaktionen gedroht, sollte er darauf nicht eingehen. Sie verlangten den Rücktritt des Bürgermeisters, die Auflösung der Stadtpolizei und die Bereitstellung der „Kaiserin-Elisabeth-Schule" für den Unterricht in italienischer Sprache. Aus Furcht vor faschistischer Vergeltung ersuchte Credaro die römische Regierung, die Bestätigung Perathoners als Bürgermeister zu widerrufen. Die Regierung gab klein bei. Dennoch betrachteten die Faschisten ihr Ultimatum als nicht erfüllt und organisierten einen „Marsch auf Bozen". In der Nacht vom 30. September auf den 1. Oktober 1922 trafen rund eintausend Schwarzhemden aus dem Veneto, der Lombardei und dem Friaul in Bozen ein. Angeführt von einigen der ranghöchsten Faschisten – Achille Starace, Francesco Giunta, Roberto Farinacci, Alberto De Stefani – besetzten die *Squadristi* das Rathaus und die Elisabethschule und benannten diese in „Scuola Regina Elena" um. Die Sicherheitskräfte griffen nicht ein. Die Faschisten verlangten die Auflösung des demokratisch gewählten Gemeinderats und die Einsetzung eines kommissarischen Verwalters. Am 3. Oktober kam Credaro diesen Forderungen nach.
Einige Tage später marschierten die Schwarzhemden in Trient ein, um Credaro als angeblichen Handlanger der schwachen liberalen Regierungen zum Rücktritt zu zwingen. Nachdem sie den Sitz der Sonderprovinzverwaltung besetzt hatten, drohten sie, auch das Zivilkommissariat einzunehmen. Dem kam Credaro durch seine Flucht und den anschließenden Rücktritt zuvor. Daraufhin gab die Regierung in Rom dem Druck der Faschisten nach und verabschiedete eine Eilverordnung, mit der sie das allgemeine Zivilkommissariat auflöste und einen Präfekten einsetzte.
Für den gemäßigten Teil der italienischen Öffentlichkeit war der Marsch auf Bozen ein „patriotischer" Akt. In Wahrheit handelte es sich um eine Kampfansage gegen die Regierung und die Regierungsvertreter, die aus dieser Aktion geschwächt und delegitimiert hervorgingen.

DAS REGIME

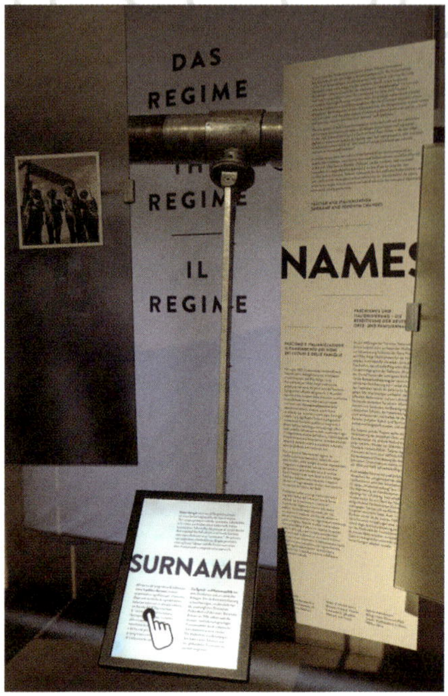

Faschismus und Italianisierung – Die Beseitigung der deutschen Orts- und Familiennamen

> Dokumentations-Ausstellung BZ '18–'45, äußerer Rundgang, Raum 4: Das Regime

Im Juli 1923 präsentierte der Trentiner Nationalist Ettore Tolomei seinen Maßnahmenkatalog zur Italianisierung Südtirols. Seine vom Faschistischen Großrat genehmigten *Provvedimenti per l'Alto Adige* (Maßnahmen für das Hochetsch) stellten, zumindest für die ersten Jahre der faschistischen Herrschaft, das offizielle Programm der Regierung Mussolini in Hinblick auf die Südtiroler Minderheit dar und bildeten den Grundstein für die Entnationalisierung der deutschen und ladinischen Bevölkerung – wobei die Ladiner für die Faschisten bereits als Italiener galten. Im Zuge des Entnationalisierungsprozesses wurden eine Reihe gravierender Anordnungen getroffen: deutschsprachige Beamte und Lehrkräfte wurden entlassen, die deutsche Sprache durfte in öffentlichen Ämtern und Gebäuden nicht mehr verwendet werden, nicht-italienische Schulen wurden geschlossen und Orts- und Familiennamen italianisiert. Deutsche Parteien sowie Kultur- und Sportvereine wurden ebenfalls verboten, da sie als „antinational" galten. Für Südtirol galten neben den auf gesamtstaatlicher Ebene erlassenen Freiheitsbeschränkungen spezielle Maßnahmen, die eindeutig darauf ausgerichtet waren, die ethnischen und sprachlichen Besonderheiten der hier lebenden Bevölkerung auszuradieren.

Für Tolomei und das Regime war die Italianisierung der deutschen Orts- und Familiennamen entscheidend, um in Südtirol einen radikalen Identitätswandel herbeizuführen. Mit seinem *Prontuario dei nomi locali dell'Alto Adige* legte Tolomei eine flächendeckende Übersetzung der deutschen und ladinischen Ortsnamen vor, welche mit den Dekreten aus den Jahren 1923 und 1940 voll rechtskräftig wurde. Ein Dekret von Januar 1926 enthielt Vorgaben zur „Wiederherstellung" der als „eingedeutscht" erachteten Familiennamen, die man romanischen Ursprungs wähnte, und zur „Anpassung" rein deutscher Familiennamen an die italienische Sprache. Tolomei erstellte ein ausführliches Verzeichnis aller „eingedeutschten und fremden" Familiennamen und von deren italienischen Entsprechungen. Allerdings erfolgte die Abänderung der Familiennamen nur auf Antrag, sodass bis zum Sturz des Faschismus trotz des erheblichen Drucks nur einige tausend Familiennamen-Dekrete ausgestellt wurden. Tolomei hatte sich eigentlich ein flächendeckendes Vorgehen erwünscht. Doch in diesem wie auch in anderen Punkten drifteten Tolomeis Vorstellungen von einer schnellen

Arbeiterkinder der Montecatini-Werke in der Ferienkolonie „Costanzo Ciano“ in Sinich bei Meran, 1920er Jahre

und vollständigen Entnationalisierung und die Realpolitik des faschistischen Regimes ab der zweiten Hälfte der 1920er Jahre auseinander, zumal das Regime aus diplomatischen, wirtschaftlichen und Opportunitätsgründen immer wieder von einer allzu harten Gangart absehen musste.

Faschismus und Schule

Die Italianisierung der Schule war zweifelsohne eines der wichtigsten Vorhaben des faschistischen Regimes, schließlich wollte man dadurch die Entnationalisierung der Südtiroler Minderheit und ihr schrittweises Aufgehen in der italienischen Nation erzwingen.
1923 trat die Gentile-Reform in Kraft. Dies hatte die sofortige Schließung der deutschsprachigen Schulen und die Anpassung des Schulwesens an das gesamtitalienische Schulsystem zur Folge. Italienisch wurde zur einzigen Unterrichtssprache erhoben. Die Auflösung aller aus dem österreichischen Schulsystem hervorgegangenen deutschen Schulen, die im italienischen Schulsystem keinerlei Entsprechung fanden, sowie das Aufgehen der deutschen Schulen in italienischen Instituten machte deutschsprachige Lehrkräfte „überflüssig“. Es kam zu Entlassungen und Versetzungen. Das Schulpersonal erlitt im Lauf der 1920er Jahre die massivste Form ethnisch bedingter Ausgrenzung in Südtirol.
Die Schulen wurden aber nicht nur für eine schnelle Entnationalisierung eingespannt. Wie im übrigen Italien sollte auch in Südtirol über die Schulen und mithilfe von faschistischen Jugendorganisationen ein unaufhaltsamer „Faschisierungspro-

Der „Duce“ wird am Bozener Bahnhof von Abordnungen der faschistischen Jugendorganisationen empfangen, 26. August 1935

zess“ in Gang gesetzt werden. Die Italianisierung und die Verbreitung des faschistischen Gedankenguts waren demnach die wichtigsten Aufgaben der neuen Südtiroler Schule. Dem Verbot des deutschsprachigen Unterrichts traten vor allem Frauenverbände offen und mutig entgegen. Sie organisierten Protestkundgebungen, sammelten Unterschriften und wandten sich mit Appellen an die Obrigkeit. Diese Aktionen brachten zwar nicht den erhofften Erfolg, legten aber den Grundstein für die Gründung deutscher Geheimschulen, die in den folgenden Jahren in ganz Südtirol entstanden. Wiederum waren es die Frauen, die dabei eine führende Rolle übernahmen und unter großem persönlichem Risiko in Privathaushalten – den sogenannten „Katakombenschulen“ – Unterricht in deutscher Sprache erteilten.

Auch die katholische Kirche stellte sich der von den faschistischen Machthabern angepeilten totalen Kontrolle des Schulwesens in den Weg. Sie erteilte der Südtiroler Bevölkerung Glaubensunterricht in deutscher Sprache und sicherte nicht nur das Fortbestehen konfessioneller deutschsprachiger Mittelschulen, sondern auch das Erscheinen einiger deutschsprachiger Zeitschriften. Dass das faschistische System Lücken aufwies, innerhalb deren die Kirche ihren Einfluss geltend machen und teilweise unabhängig agieren konnte, zeigte sich nirgendwo in Italien so deutlich wie in Südtirol, wo sie nicht nur Werte jenseits der offiziellen Doktrin vermittelte und große Bevölkerungsgruppen aktivierte, sondern auch die einzige Kraft war, die es vermochte, sich der Ausradierung der deutschen Sprache und Identität entgegenzustellen und Rückzugsgebiete zu schaffen, in denen noch Deutsch gesprochen, gelesen und gelernt werden durfte.

Amtsbürgermeister erobern die Gemeinden

Die faschistische Machtübernahme hatte unter anderem auch die sofortige Auflösung der habsburgisch geprägten lokalen Selbstverwaltungen zur Folge, die unter den liberalen Regierungen noch weiterbestanden hatten. Ab Ende 1922 wurden schließlich immer mehr Gemeinderäte per Dekret aufgelöst und die frei gewählten deutschsprachigen Bürgermeister durch direkt von der staatlichen Obrigkeit ernannte Sonderkommissare italienischer Muttersprache ersetzt.

1926 trat italienweit eine neue Kommunalverfassung in Kraft, die der freien Wahl von Bürgermeister und Gemeinderat ein Ende bereitete. An die Stelle der bisherigen Kommunalorgane trat ein einziger Funktionsträger, der Amtsbürgermeister (*Podestà*), der mit königlichem Dekret ernannt wurde. Damit war das Ende der Gemeindeautonomie besiegelt. Nun waren alle Gewalten, die bisher von Bürgermeister, Ausschuss und Gemeinderat ausgeübt worden waren, in der Person des *Podestà* vereint.

In Südtirol waren die Gemeinden nach der Kommunalrechtsreform fast vollständig in italienischer Hand. Die deutschsprachige Führungsschicht war weitgehend entmachtet; nur in einigen größeren Städten wurden deutschsprachige *Podestà* eingesetzt (Maximilian Markart in Meran und Richard Hibler in Bruneck). Dem Gesetzgeber zufolge sollte der *Podestà* Verwaltungsgeschick mitbringen, der lokalen Gemeinschaft angehören und seine Funktion ehrenamtlich ausüben. Diese Auflagen wurden in Südtirol allerdings nur höchst selten eingehalten. Da man die deutschsprachige Bevölkerung für politisch unzuverlässig hielt und der italienische Bevölkerungsanteil sehr gering war, berief man zumeist Staatsdiener aus den alten Provinzen. Viele von ihnen waren Faschisten der ersten Stunde oder als siegreiche Kommandeure am Ersten Weltkrieg beteiligt gewesen und erwarteten sich nun, in ein politisch angesehenes Amt befördert zu werden, freilich nur gegen ein geregeltes Einkommen. So versahen diese „Berufs-*Podestà*“ ihren Dienst entgegen den ministeriellen Weisungen als Gehaltsempfänger oder gegen hohe Aufwandsentschädigungen und agierten zumeist in gänzlicher Unkenntnis der deutschen Sprache und Kultur. Nicht selten kam es zu groben Unregelmäßigkeiten und Veruntreuungen, was den Gemeinden selbst wie auch dem Ruf der italienischen Staatsverwaltung großen Schaden zufügte. Nur selten wurden Untersuchungen eingeleitet. Wenn überhaupt, endeten diese meist mit der Versetzung des *Podestà* in eine andere Südtiroler Gemeinde, wodurch es zu einer chaotischen Fluktuation von – ausnahmslos gebietsfremden – Verwaltern an der Spitze der Gemeinden kam.

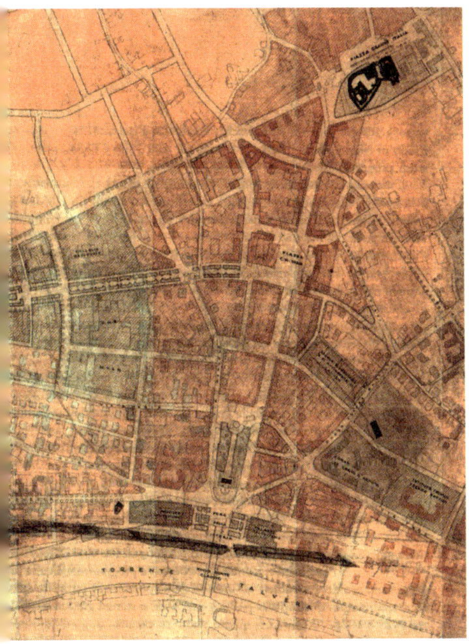

< Das „Neue Bozen“ gemäß dem Bebauungsplan von Marcello Piacentini, 1935

DAS „NEUE“ BOZEN

Bozen als italienische Provinzhauptstadt

Mit dem Bau des Siegesdenkmals gab das Regime den Anstoß zu einer radikalen städtebaulichen Neuausrichtung, die aus Bozen eine „zutiefst italienische“ Provinzhauptstadt, ein „würdiges Beispiel faschistischer Baukunst“ machen sollte. 1925 wurde das bis dahin selbständige Gries eingemeindet, um Platz für die rasch wachsende Neustadt zu gewinnen.
Einen entscheidenden Anteil an der Stadtentwicklung hatte von Beginn an der Architekt Marcello Piacentini, der auch das Siegesdenkmal entworfen hat. Piacentini war 1929 Mitglied der Kommission, die den Wettbewerb für den neuen Bebauungsplan auslobte, und wurde 1933 selbst mit der Erstellung eines Bebauungs- und Erweite-

Das Oberste Armee-kommando, nach Entwurf von Marcello Piacentini

< Die Drususbrücke vor dem Gebäude der faschistischen weiblichen Parteijugend

rungsplans beauftragt, dessen Ausarbeitung 15 Jahre in Anspruch nehmen sollte. Piacentini wollte den Siegesplatz zum Dreh- und Angelpunkt des faschistischen Bozen machen. Neu angelegte, breite Straßen, die strahlenförmig auf den Platz zuführen, sollten außerdem die Vorstädte besser einbinden.

Das neue Stadtplanungskonzept machte auch vor der Bozener Altstadt nicht Halt, wo gar einige architektonische Elemente umgestaltet wurden, weil sie den Regierenden „zu altmodisch" (gemeint war „zu deutsch") waren. So wurde das deutsch-österreichisch geprägte Erscheinungsbild des Stadtentrées an der Talferbrücke radikal verändert. Das Stadtmuseum verlor 1935 seinen zinnenbewehrten Turm. Die im Münchner Stil errichtete Sparkasse in der gleichnamigen Straße wurde 1938-1939

von Francesco Rossi im rationalistischen Stil umgebaut. Dem „deutschen" Waltherplatz wurde der nüchterne Dominikanerplatz an die Seite gestellt. Vom Waltherplatz verschwand 1935 die Statue des Minnesängers Walther von der Vogelweide, die 1889 dort aufgestellt worden war.
Die Umgestaltung des Altstadt-Ensembles hätte im Abriss der gesamten nördlichen Laubenzeile gipfeln sollen. Der Kriegsausbruch verhinderte jedoch, dass auch hier der mittelalterlichen, „deutschen" Architektur eine italienisch geprägte Bebauung entgegengesetzt wurde.
Im November 1938 notierte Mussolinis Schwiegersohn und Außenminister Galeazzo Ciano in seinem Tagebuch: *„Das Angesicht der Stadt hat sich gewandelt, aus nordisch wurde mediterran. Mastromattei [der Präfekt von Bozen] geht wohl mit harter Hand, jedoch äußerst wirksam vor. In spätestens zehn Jahren wird es schwerfallen, noch Spuren des alten Bozen im neuen Bolzano zu erkennen"*[3].

Die faschistische „Landnahme" – Wasserkraft, Straßen, Brücken

Im November 1926 erließ das Regime Maßnahmen zur Regulierung des Einzugsgebiets der Etsch. Per Dekret stellte die Zentralregierung die Wasserläufe der Region unmittelbar unter ihre Kontrolle und sicherte sich damit das Recht zur umfassenden Nutzung der Wasserkraft. Federführend bei der Umsetzung der Maßnahmen war die *Opera Nazionale dei Combattenti* (ONC). Der nationale Wehrverband legte ein Bündel von Bauvorhaben vor, die von der Umleitung von Berg- und Talbächen bis zur Gründung neuer Ortschaften und Siedlungen reichten. Ausdrückliches Ziel des Siedlungsbaus war die innere „Kolonialisierung" des Landes, wobei nur die Ortschaft Sinich bei Meran auch tatsächlich errichtet wurde.
Parallel dazu wurde eine Reihe von großen Kraftwerken aus dem Boden gestampft, die Energie für die staatliche Industrie liefern und zugleich Bozens Stellung als Industriestadt etablieren sollten. Ein weiterer Schwerpunkt, auf den die faschistische Propaganda immer wieder gerne verwies, war der großzügige Ausbau des Verkehrsnetzes, die Errichtung von Straßen, Brücken und Seilbahnen und die Urbarmachung bislang ungenutzter Flächen.
Ein besonders symbolträchtiger Bau, allein schon aufgrund seines Namens, entstand in nur 700 Metern Entfernung vom Siegesdenkmal: Die über die Talfer führende Drususbrücke verband die neuen Wohnviertel mit der Bozener Altstadt. 1931 von Eugenio Miozzo entworfen, beeindruckte die dreibogige Brücke mit unmissverständlicher faschistischer Symbolik – mächtigen Adlerskulpturen, Liktorenbündeln, Helmen, Schilden und Savoyer Wappenkreuzen.
Diese umfassenden Bemühungen um wirtschaftliche Entwicklung und Italianisierung der Region wurden vom Regime anlässlich der „Ausstellung der Faschistischen Revolution" (1932–1934) im *Palazzo delle Esposizioni* in Rom mit viel rhetorischer Ausschmückung und großem Propagandaaufwand präsentiert.

[3] *Ciano, Galeazzo: Diario 1937-1943, hrsg. von Renzo De Felice, Rizzoli, Mailand 1980, Eintrag vom 1. November 1938, S. 206.*

ECONOMIA
URBANISTICA
DEMOGRAFIA
WIRTSCHA
M
ECONOMY
ITY PLANNI
EMOGRAPH

PATRIOTEN IST ES, S

< Dokumentations-Ausstellung BZ '18–'45, äußerer Rundgang, Raum 7: Wirtschaft – Stadtplanung – Bevölkerung

> Dokumentations-Ausstellung BZ '18–'45, äußerer Rundgang, Raum 8: Kultur im Faschismus

Militärbauten

Um seine umfassende Vormachtstellung zu untermauern, setzte das faschistische Regime auch auf den Bau militärischer Funktionsbauten. Auf dem Land wurden Befestigungsanlagen und Geschützstellungen errichtet, in und um Bozen entstanden Kasernen und andere Militärbauten, wie der Flughafen, Depots, Kontrollpunkte und Waffenlager.

Zu den wichtigsten Militärbauten gehörte der *Palazzo degli Alti Comandi* (Oberstes Heereskommando), der 1934/35 an der Kreuzung von Diaz- und Cadornastraße in der Nähe des Talferparks errichtet wurde. Für Architekt Piacentini war dieser dem Siegesdenkmal zugewandte Bau ein wesentliches Element des von ihm entworfenen „Monumentalbezirks".

Die Venediger Straße in Bozen, 1928

> Das Bozener Industriegebiet mit dem Aluminiumwerk (Montecatini), 1936

Die rationalistische Fassade des Gebäudes wird von zwei Turmbauten gerahmt, die auf renaissancezeitliche Stadtfestungen anspielen. Die burgähnlichen Flügel des Baus öffnen sich zu einem Innenhof, dessen Mitte eine Statue von Julius Caesar einnimmt. Die massiven Grundmauern des Gebäudes bestehen aus Travertin, die mittlere Mauersektion wurde in rotbraunem Klinker ausgeführt – beides ebenso teure wie edle Materialien für einen militärischen Funktionsbau.
Das Gebäude liegt inmitten eines Gewirrs von Straßen, die nach wichtigen Vertretern der italienischen Streitkräfte (Luigi Cadorna, Armando Diaz, Reginaldo Giuliani und Antonio Locatelli) benannt wurden. Es wurde am 10. Juli 1935 vom 4. Armeekorps und in der Folge von weiteren Militäreinheiten bezogen. Zuletzt war es die Gestapo, die das Heereskommando in der Zeit der „Operationszone Alpenvorland" bis Kriegsende beanspruchte.

WIRTSCHAFT, STADTPLANUNG, BEVÖLKERUNGSENTWICKLUNG

Die ersten italienischen Wohnviertel

Bereits seit den 1920er Jahren forcierten die Faschisten den Bau neuer Wohnviertel, um die erste große Welle der italienischen Zuwanderung aufzufangen. Mit der Gründung der Provinz Bozen im Jahr 1927 und ihrer Abkopplung von der Region *Venezia Tridentina* rückte die Stadt zur selbstbewussten Provinzhauptstadt auf. Als schließlich zahlreiche Ämter und Verwaltungsbüros nach Bozen verlegt wurden, wurde die Stadt auch für die Bewohner der „alten Provinzen" immer attraktiver, und so entstanden rund um das Siegesdenkmal erste neue Wohnanlagen. Baulich besonders interessant waren die Gebäude im sogenannten *Rione Venezia*, einem ab 1927 vom *Istituto Case Popolari di Venezia* an der Quireiner und der Venediger Straße errichteten Viertel mit einheitlich historistischer Bebauung. Die hochwertig ausgeführten Häuser waren für die beamtete Mittelschicht und für Staatsangestellte bestimmt. Das Wohnviertel bestand aus Einfamilienhäusern mit Gärten sowie zwei- bis dreistöckigen Mehrfamilienhäusern. Die gute Qualität der Wohnungen und ihre Nähe sowohl zur italienisch geprägten Bozener Neustadt

Das Dux-Viertel und, im Hintergrund, das Littorio-Viertel, 1938

als auch zur Altstadt verhießen hohen Wohnkomfort. Die architektonische Formensprache erinnerte stark an venezianische Bauten und verlieh der immer noch tirolisch-österreichisch geprägten Stadt ein eindeutig italienisches Flair.

Das Industriegebiet

Die Errichtung eines weitläufigen Industriegebiets in Bozen war für das Regime ein weiterer Meilenstein in der Umsetzung seines Vorhabens, die Kräfteverhältnisse zwischen den in Südtirol lebenden Volksgruppen grundlegend zu verändern. Mitte der 1930er Jahre war klar, dass der Versuch, die „Fremdstämmigen“ vor allem mittels sprachlicher und schulischer Maßnahmen zu italienisieren, gescheitert war. Mit Sorge beobachteten die faschistischen Herrschaftsträger die vor allem unter der jüngeren Generation wachsenden Sympathien für NS-Deutschland. Diesen Entwicklungen beschloss das Regime entgegenzuwirken: Mit Hilfe einer massiven, organisierten Zuwanderung aus den „alten Provinzen“ sollte Südtirols deutschsprachige Bevölkerung in die Minderheit gedrängt werden. Zwar waren solche Überlegungen seit der faschistischen Machtübernahme und im Besonderen seit der Gründung der Provinz Bozen im Jahr 1927 immer wie-

der im Raum gestanden, doch seit dem Bau des neuen Industriegebiets ab Mitte der 1930er Jahre verfolgte man dieses Ziel mit neuer Entschlossenheit. So war es ein gern gesehener Nebeneffekt, dass die Ansiedlung bedeutender nationaler Industrien zur Zuwanderung von Tausenden Arbeitern samt ihren Familien führte. Das Kräfteverhältnis zwischen den Sprachgruppen begann sich zu verändern.
Neben ethnischen Gründen waren wirtschaftliche Überlegungen ausschlaggebend dafür, dass in Bozen ein großer Wirtschaftsdistrikt entstehen sollte: Zum einen war die Industrialisierung der Provinzhauptstädte Teil eines faschistischen Gesamtplans zur Dezentralisierung der Industrieansiedlungen, der den kleineren Städten Mittel- und Norditaliens zu einem erheblichen Entwicklungsschub verhalf. Zum anderen konnten Bozens Industrieunternehmen von Südtirols Wasserreichtum profitieren und das vorhandene, enorme Energiepotential abschöpfen.

Die Arbeiterwohnviertel

Der Ausbau des Industriegebiets erforderte die Errichtung neuer Wohnviertel für die überwiegend aus der Region Veneto zugewanderten Arbeiter und deren Familien. So entstanden unmittelbar neben dem Industriegebiet die Viertel *Rione Littorio* und *Rione Dux*. Während in dem an der heutigen Turinstraße gelegenen Littorio-Viertel große Wohnkasernen aus dem Boden gestampft wurden, bauten man im *Rione Dux*, im heutigen Don-Bosco-Viertel, zweistöckige Häuschen mit Garten. Die faschistische Propaganda beschrieb den *Rione Dux* als *„ein pittoreskes und ansprechendes Viertel, bestehend aus Häusern, deren Bauform zwischen einem Stadthaus und einem Bauernhof angesiedelt ist“*[4]. Die Häuser seien *„elegant wie kleine Villen, mit einer, zwei oder vier Wohnungen, die mit ihrer Außentreppe an das Häuschen in Predappio erinnern, in dem der Duce das Licht der Welt erblickte“*[5].
In Wirklichkeit wurden die „Semirurali“ genannten „halbländlichen“ Bauten nach Kriterien strengster Sparsamkeit geplant. Beim Bau wurden ausschließlich billige Materialien verwendet. Die Unterkünfte entsprachen kaum den Mindestanforderungen an zeitgemäßes Wohnen, waren kalt und feucht und verfügten nur über spartanische sanitäre Anlagen. Letztlich war es ein vorstädtisches Schlafwohnviertel, das von der restlichen Stadt weitgehend abgetrennt war und weder über eine Verkehrsanbindung noch über Schulen, Geschäfte oder öffentliche Einrichtungen verfügte. Hier wollte man die aus ländlichen Gebieten stammende Arbeiterklasse, die ausschließlich in den Fabriken beschäftigt war, räumlich und sozial segregieren. Man stellte den Familien ein kleines Grundstück zur Verfügung, damit sie einen Garten anlegen konnten, um ihre mageren Einkünfte etwas aufzubessern. Gleichzeitig wollte man, dass die ehemalige Landbevölkerung an ihren althergebrachten bäuerlichen Werten festhielt, ganz im Sinne der Agrarideologie des Faschismus. Verglichen mit den in der Nähe des Siegesdenkmals errichteten Wohnvierteln erinnerten die Arbeiterviertel an eine ärmliche und fremde italienische Stadt.

[4] *Il Rione "Dux" delle case semirurali*, in: *Atesia Augusta 2 (1940)*, Nr. 5, S. 49-51, hier S. 49.
[5] Istituto Fascista Case Popolari (Hrsg.): *Le case per il popolo*, 1936, zitiert aus: Forrer, Fulvio / Franchini, Sergio / Rossin, Ivo (Hrsg.): *Le "Semirurali": un'occasione per Bolzano. Gli abitanti, il patrimonio edilizio, la partecipazione dell'utenza. Un'indagine*, Bozen 1982, S. 23.

KULTUR IM FASCHISMUS

Die faschistische Durchdringung von Kunst und Kultur – Das Stadtmuseum

Auch Südtirols Kulturbetrieb wurde für das allgemeine Italianisierungsvorhaben der faschistischen Machthaber eingespannt. So entstanden in dem Bestreben, die sprachlichen und nationalen Eigenheiten der lokalen Bevölkerung auszuradieren, anstelle der deutschen Kulturinstitute „eindeutig italienische" Bildungs- und Kultureinrichtungen. Dieses Vorhaben wurde umso nachdrücklicher umgesetzt, nachdem Bozen im Jahr 1927 Hauptstadt der gleichnamigen neuen Provinz geworden war.

Die neue Zentralität und die starke Zunahme der italienischsprachigen Bevölkerung hatten zur Folge, dass Kultureinrichtungen aus dem Boden gestampft wurden, die das neue Profil der Stadt schärfen sollten. Außerdem entstanden neue weiterführende Schulen und im Jahr 1928 die neue Stadtbibliothek. Das Stadtmuseum wurde italianisiert und ein faschistisches Kulturinstitut gegründet (1930). Das *Teatro Verdi* wurde in seiner Bedeutung aufgewertet, und nahe der Drususbrücke entstand 1936 die *Casa della Giovane Italiana*, eine Einrichtung der faschistischen Mädchenfreizeit. 1939 öffnete schließlich der Buchladen Cappelli seine Tore.

> Der Turm des Bozener Stadtmuseums wird abgetragen, 1935

Den Grundstein für das Stadtmuseum in der Sparkassenstraße hatte der 1882 gegründete Bozener Museumsverein gelegt. In den Ausstellungen des 1905 errichteten Museums konnte man Kunstwerke aus Tirol, Kunsthandwerk und Volkskunst sowie eine naturwissenschaftliche Sammlung besichtigen. Die ursprüngliche Ausstellungsgestaltung folgte einem romantisch-nationalistisch geprägten Kunstverständnis.
Gegen Ende des Jahres 1932 musste der Museumsverein auf Weisung des Präfekten die Führung des Hauses an die Stadtverwaltung abtreten. Zwischen 1935

< Ausstellungsräume im Bozener Stadttheater für die erste Kunstbiennale der Venezia Tridentina, 1922

und 1937 wurde das Ausstellungskonzept von Grund auf verändert: Nun bekamen chronologische und ästhetische Kriterien, die von rationalistischer Formensprache und den Leitlinien faschistischer Kulturpolitik geprägt waren, den Vorrang. Zudem wurden die vorhandenen Sammlungen mit Kunstwerken aus verschiedenen italienischen Museen ergänzt, die die vermeintliche *Italianità* Südtirols untermauern sollten und dementsprechend keinerlei Bezug zur lokalen Kultur hatten. Die lokaltypischen baulichen Merkmale des Museums wurden abgeschwächt oder entfernt, der Museumsturm bis auf einen flachen Stumpf abgetragen.

In der Zeit der Option beschloss der Museumsverein, trotz Uneinigkeit in den eigenen Reihen, die in seinem Eigentum verbliebenen Sammlungen in das Deutsche Reich zu überführen, zumal Artikel 27 des Optionsabkommens die Möglichkeit zur Ausfuhr des als „deutsch" anerkannten Kulturguts vorsah. Für die Einstufung der einzelnen Exponate als „deutsch" oder als „italienisch" war eine Kommission zuständig, der auch Nicolò Rasmo und Josef Ringler angehörten. Um Zeit zu gewinnen, ging die Kommission bei ihrer Arbeit bewusst langsam vor. Der immer näher rückende Krieg verhinderte schließlich die Ausfuhr der Bestände und damit auch deren Zerstreuung.

Die Bozener Kunstbiennalen

Zwischen 1922 und 1942 wurden in Bozen sogenannte Kunstbiennalen abgehalten. Die Biennalen waren Teil eines italienweiten Ausstellungsnetzwerks, in dessen Rahmen Künstlerinnen und Künstler ihre Werke öffentlich präsentieren durften. Dies, wie auch die Tatsache, dass auf der Biennale Preise und Anerkennungen verliehen wurden, schränkte das subversive Potential der Veranstaltung stark ein, wenngleich es zunächst keine offensichtliche Zensur gab. Gleichzeitig eröffneten sich über die bestehenden und neu gegründeten Forschungs-, Kunst- und Literaturakademien sowie auch durch Preisverleihungen, Wettbewerbe und verschiedenste Kulturveranstaltungen wichtige Beschäftigungschancen für eine Gruppe von Intellektuellen und

> Detail des Monumentalreliefs von Hans Piffrader am ehem. Faschistischen Parteigebäude in Bozen

Künstlern, die sich bis dahin weitgehend aus dem öffentlichen Leben ausgeschlossen gefühlt hatte und die nunmehr beim Aufbau des neuen Italiens an vorderster Front mitwirken durfte.
An den Bozener Kunstbiennalen nahmen fast alle wichtigen Künstlerinnen und Künstler aus dem Trentino und aus Südtirol teil, darunter die Maler Albin Egger-Lienz, Carl Moser, Hubert Lanzinger, Hans Josef Weber-Tyrol, Tullia Socin, Bartolomeo Bezzi, Luigi Bonazza, Gigiotti Zanini, Fortunato Depero und die drei Brüder Stolz, die Bildhauer Hans Piffrader, Ignaz Gabloner, Franz Santifaller, der Kunsthandwerker Anton Hofer sowie die Architekten Clemens Holzmeister, Giorgio Wenter Marini und Ettore Sottsass d. A.
Die Biennalen beherbergten die unterschiedlichsten Kunst- und Stilrichtungen und boten, vor allem zu Beginn, einen umfassenden Überblick über die lokale Kunstproduktion und die Entwicklungen in der nationalen Kunstszene. Nach und nach verloren die Biennalen jedoch an Qualität, zumal die Ausstellungen zunehmend von mittelmäßigen oder protegierten Kunstschaffenden in Beschlag genommen wurden.
Ettore Tolomei übte großen Einfluss auf die künstlerische Ausrichtung der Bozener Biennale aus, indem er vorrangig Künstler, die zwar nicht aus Südtirol stammten, sich jedoch mit regionalen Themen auseinandersetzten, zur Teilnahme an der Biennale einlud.

Das Monumentalrelief von Hans Piffrader: „Triumph" des Faschismus

Der Künstler Hans Piffrader (Klausen 1888 – Bozen 1950) erhielt den Auftrag, ein Relief für die *Casa Littoria*, den zwischen 1939 und 1942 nach Plänen der Architekten Guido Pellizzari, Francesco Rossi und Luis Plattner errichteten Sitz der faschistischen Partei und ihrer Unterorganisationen, zu schaffen. Das 95 Tonnen schwere Relief aus 57 unterschiedlich breiten und 2,75 m hohen Platten, die in zwei Reihen übereinander angebracht wurden, ist mit einer Länge von 36 Metern und einer Fläche von 198 Quadratmetern vermutlich das imposanteste Relief aus der Zeit des Faschismus, das heute noch öffentlich besichtigt werden kann.
Die allegorischen Darstellungen auf dem Relief, in dessen Mitte der Duce hoch zur Ross zu sehen ist, symbolisieren *„den Aufstieg des faschistischen Italien von den grauen und glorreichen Tagen der Vor-Revolution bis herauf zur Eroberung des Reiches, zum Spanien-Krieg und zur Befreiung des Mare Nostrum"*[6]. Allerdings wurde Piffrader in seiner künstlerischen Freiheit stark beschnitten, da die Gestaltung des Reliefs der strengen Kontrolle des Komitees für den Bau der *Casa Littoria* unterlag. Viele seiner Skizzen, in denen sein künstlerischer Schriftzug noch deutlich zu erkennen war, wurden abgelehnt oder – wie die das Bildnis des reitenden Duce – nachträglich wesentlich abgeändert. Deshalb, aber auch wegen technischer Schwierigkei-

[6] *Die Beschreibung stammt aus dem Bericht des Verbandssekretärs der faschistischen Partei Vittorio Passalacqua an die Leitung der Mostra della rivoluzione fascista (Rom) vom 19.09.1942, in: Zoeggeler O. / Ippolito L.: Architektur für ein italienisches Bozen (1922–1944), Lana 1992, S. 144.*

ten, kam man mit der Umsetzung nur schleppend voran. Die letzten Travertinplatten aus der Werkstatt von Giovanni Battista Vannucci aus Pietrasanta bei Lucca kamen erst zwei Monate vor dem 25. Juli 1943, dem Tag der Absetzung Mussolinis, in Bozen an, weshalb nicht alle 57 Reliefplatten montiert werden konnten. Die letzten drei Platten lagerten jahrelang auf dem so genannten *Arengario*, einem für Ansprachen an das Volk genutzten weitläufigen Balkon, über dem das Relief angebracht ist. In der Nachkriegszeit schlug das Denkmalamt in Trient die Abtragung des Piffrader-Reliefs vor, um „negativen Reaktionen vonseiten der Minderheit" vorzubeugen, jedoch ohne Erfolg. Nach Jahren des Zuwartens wurden 1957 schließlich auch die drei noch verbliebenen Platten montiert.

Das Bündnis von Hitler und Mussolini, dargestellt auf einer Bildpostkarte anlässlich von Hitlers Italienbesuch im Mai 1938

TOTALITARISMEN UND „OPTION"

Vorahnungen

Im Laufe der 1930er Jahre zeichnete sich immer deutlicher ab, dass die Bemühungen, die Südtiroler Bevölkerung zu italienisieren und sie zum Faschismus zu bekehren, gescheitert waren. Davon zeugte nicht zuletzt der wachsende Erfolg der nationalsozialistischen Bewegung Südtirols nach der Machtergreifung Hitlers im Jahr 1933. Die NS-Propaganda fiel vor allem bei der Jugend auf fruchtbaren Boden. Sie erhoffte sich von Hitlerdeutschland die Befreiung Südtirols, zumal das Großmachtstreben NS-Deutschlands den Mythos des habsburgischen Kaiserreichs

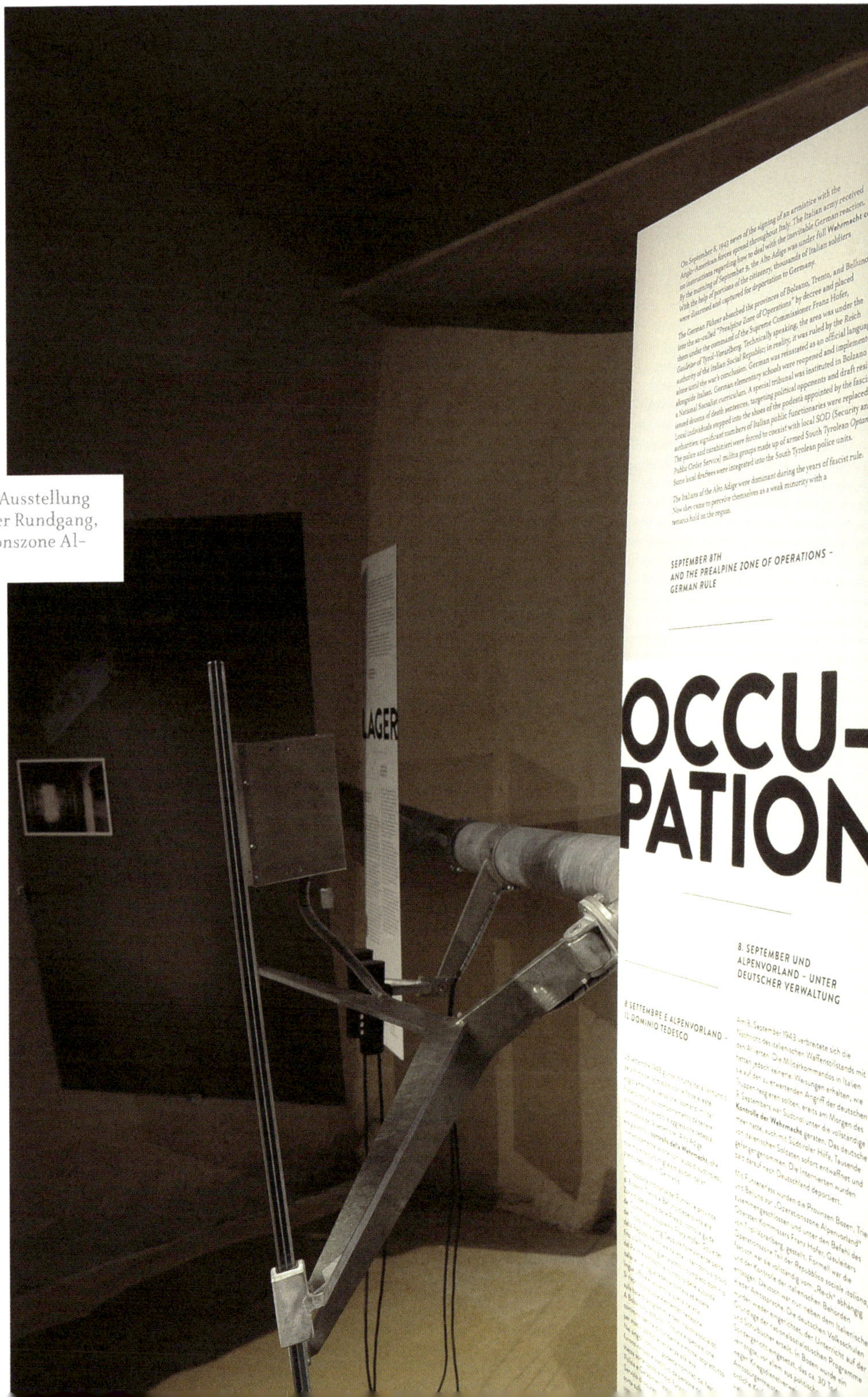

Dokumentations-Ausstellung BZ '18–'45, äußerer Rundgang, Raum 11: Operationszone Alpenvorland

DEPARTURES AND
HITLER'S EARLY M
BOMBARDMENTS

Schulungslager des Völkischen Kampfrings Südtirols, Sommer 1935

rasch verblassen ließ. Das Vertrauen in die Schutzmachtrolle des kleinen und schwachen Österreich schwand.
1933 wurde der Völkische Kampfring Südtirols (VKS) gegründet, eine nationalsozialistische Untergrundbewegung mit antiitalienischer Ausrichtung, die den Anschluss an das Reich anstrebte. Die Zusammenkünfte und Versammlungen der Südtiroler NS-Bewegung wurden oft als Sommerferienlager oder Wiesenfest getarnt. Als der VKS einen Teil der bisher von katholischen Kreisen organisierten Geheimschulen übernahm, wurden im Unterricht Schulbücher aus dem nationalsozialistischen Deutschland eingesetzt. Wie alle deutschen Minderheiten außerhalb des Deutschen Reichs verfolgte auch die Südtiroler Bevölkerung Hitlers Erfolge mit großer Aufmerksamkeit, und sie zeigte sich zusehends empfänglich für die nationalsozialistische Ideologie. Im Jänner 1935 führte eine Volksabstimmung zur Rückgliederung des Saargebiets an das Deutsche Reich. In Südtirol wuchs daraufhin die Hoffnung, dass Hitlers Plan, das gesamte „deutsche Volk" zu vereinigen, auch die Südtiroler Bevölkerung in die Lage versetzen würde, sich zu ihrer nationalen Zugehörigkeit zu äußern. Doch Hitler hatte sich bereits seit den 1920er Jahren vor dem Hintergrund seiner Interessengemeinschaft mit Mussolini unmissverständlich zum Verzicht auf die rund 200.000 Südtirolerinnen und Südtiroler bereiterklärt. Das Aufflackern der Südtiroler Anschlusswünsche war daher eine reelle Gefahr für die deutsch-italienische Freundschaft.

Option

Im März 1938 marschierten deutsche Truppen in Österreich ein und besiegelten damit den Anschluss des Landes an Deutschland. In der Südtiroler Bevölkerung wurden Hitlers Erfolge mit wachsender Begeisterung aufgenommen, zumal das Deutsche Reich nun bis zum Brenner vorgerückt war. Vor allem die Jugend begehrte immer öfter gegen die italienischen Behörden auf, überzeugt, dass der Anschluss Österreichs die Rückkehr Südtirols in den Schoß der „deutschen Nation" vorwegnehme. Dagegen konnte selbst die Zusicherung Hitlers, dass die deutsch-italienische Grenze unantastbar sei, nichts ausrichten. Am 22. Mai 1939 festigten Hitler und Mussolini ihr politisch-militärisches Bündnis

Die Geranie wurde von den Dableibern wie von den Optanten als Sinnbild der Südtiroler Heimat beschworen

< Umsiedlung einer Optantenfamilie aus Brixen

mit der Unterzeichnung des Stahlpakts in Berlin. Die Südtirol-Frage blieb jedoch weiter ungelöst und drohte, eine Belastung für den deutsch-italienischen Pakt zu werden. Abhilfe versprach man sich von der sogenannten „Option", der planmäßigen Umsiedelung der Südtiroler Bevölkerung ins Reich. Die wenige Monate später geschlossene Optionsvereinbarung sah die rasche Abwanderung aller in Südtirol ansässigen Reichsdeutschen vor, vor allem aber stellte sie die deutsche und ladinische Bevölkerung vor eine schwere und mühevolle Entscheidung: *„Alle aus dem Gebiet des Oberetsch Gebürtigen und aus diesem Stammenden müssen in eindeutiger und unwiderruflicher Weise nach ihrer freien Überzeugung entscheiden, ob sie Italiener bleiben – als Brüder unter Brüdern mit den anderen Bürgern des Königreiches – oder nach ihren tief verwurzelten Gefühlen deutsche Reichsangehörige werden und ins Deutsche Reich abwandern wollen, wo sie herzliche Aufnahme und ein gebührliches wirtschaftliches Dasein vorfinden werden."*[7]

Optanten vs. Dableiber

Die Stimmabgabe hatte bis zum 31. Dezember 1939 zu erfolgen. In den letzten Monaten des Jahres brachen in der Bevölkerung heftige Konflikte auf. Den Befürwortern der Abwanderung, für die die Verwurzelung in der „Volksgemeinschaft" einen höheren Stellenwert hatte als die territoriale Bindung, standen die „Dableiber" gegenüber, denen das Verlassen der angestammten Heimat unvorstellbar erschien. Die von den deutschen Behörden in Südtirol eingerichteten Ämter wurden rasch zu Schaltzentralen der Optionspropaganda, auch dank der tatkräftigen Unterstützung der einheimischen Nationalsozialisten. Es kam zu Einschüchterungen und gewalttätigen Übergriffen, vor allem aber wurde starker psychologischer Druck ausgeübt. Wer sich nicht für das „Reich" entschied, war als „Walscher", als Verräter an der deutschen Nation, verschrien, der früher oder später nach Süditalien oder Abessinien umge-

[7] *Norme per il rimpatrio dei cittadini germanici e per l'emigrazione di allogeni tedeschi dell'Alto Adige in Germania*, in: «La provincia di Bolzano», 26. Oktober 1939.

siedelt werden würde. Die Optanten würden hingegen vom Führer ein geschlossenes Siedlungsgebiet, das Südtirol im Wesentlichen ähnlich war, zugewiesen bekommen, damit sie dort wieder in vertrauter Gemeinschaft leben würden können. Außerdem ließ die Propaganda verlauten, dass Hitler, sollte die überwiegende Mehrheit der Bevölkerung für Deutschland optieren, den Anschluss des gesamten Landes fordern würde, so dass die Südtiroler Bevölkerung gar nicht mehr abwandern müsse.

Die „Dableiber" hingegen beschworen die unauflösliche Bindung zur Heimat und verwiesen auf die unsichere Zukunft, die die Abwandernden erwarte. Auch irritierte sie das antichristliche Weltbild des Nationalsozialismus, das im Widerspruch zu der stark im katholischen Glauben verwurzelten, bäuerlich geprägten Südtiroler Gesellschaft stehe. Ein tiefer Riss ging durch die Bevölkerung, und dieser Riss war auch nach dem Ende des Krieges und der Diktaturen noch lange zu spüren.

Die italienischen Behörden ließen die deutschen Propagandisten gewähren, überzeugt davon, dass ohnehin nur Randgruppen und pangermanistische Aufwiegler abwandern würden – auf diese könne Italien gerne verzichten. Das Ergebnis der Optionsentscheidung war jedoch plebiszitär: Mehr als 80 % der Südtiroler und Südtirolerinnen sprachen sich für das Deutsche Reich aus und bestätigten damit auf eklatante Weise das Scheitern der fast 20 Jahre währenden Italianisierungspolitik.

OPERATIONSZONE ALPENVORLAND

Abwanderung und Krieg

Die Südtiroler Optanten wanderten vor allem im ersten Jahr in hoher Zahl ab. In den Folgejahren ging die Quote erheblich zurück und tendierte Ende 1942 gegen null. Zuerst wanderte ab, wer keinen Besitz hatte und die umständlichen, oftmals strittigen Verfahren zur Wertfestsetzung und Liegenschaftsablöse gar nicht abwarten musste. Meldungen darüber, dass den Optanten in Deutschland ein kühler Empfang bereitet werde, und die Hoffnung, dass die anfänglichen militärischen Erfolge Hitlers letztlich doch zum Anschluss Südtirols führen würden, bremsten die Abwanderungsbereitschaft. Hinzu kamen immer größere organisatorische Schwierigkeiten aufgrund des Kriegsverlaufs. Die Ereignisse des 8. September 1943

Der Zellenblock im „Polizei- und Durchgangslager Bozen“

und der durch die Einrichtung der „Operationszone Alpenvorland“ faktisch vollzogene Anschluss Südtirols beendeten die Umsiedlung endgültig. Bis zu dieser Zeit war ein Drittel der Optanten, ca. 74.500 Personen, abgewandert.
Die männlichen Jugendlichen, die 1939 für das Deutsche Reich optiert hatten und abgewandert waren, wurden nach ihrer Ankunft sofort zur Wehrmacht eingezogen und an die Front geschickt. Mit dem Kriegseintritt Italiens im Juni 1940 griff der Weltkrieg auf die gesamte Bevölkerung über. In der Schlussphase des Kriegs wurde auch das Alltagsleben der Zivilbevölkerung durch die Bombardierungen der Alliierten massiv beeinträchtigt. Ab September 1943 bis Kriegsende starben in Bozen ca. 200 Personen im Bombenhagel, Hunderte Häuser wurden zerstört oder stark beschädigt. Die Schäden waren vor allem im Stadtzentrum erheblich. Insbesondere der Bereich um den Bahnhof war immer wieder Ziel schwerer Angriffe.

< Begeisterter Empfang der deutschen Wehrmacht in Rentsch (Bozen), 9. September 1943

8. September und Operationszone Alpenvorland

Wie ein Lauffeuer verbreitete sich am 8. September 1943 in ganz Italien die Nachricht von der Waffenstillstandsvereinbarung zwischen Italien und den Alliierten: Von einem Tag auf den anderen standen sich Italiener und Deutsche an der Front als Feinde gegenüber. Die italienischen Kommandeure hatten keinerlei Weisungen erhalten, wie sie auf den zu erwartenden Angriff der deutschen Truppen reagieren sollten, und so geriet Südtirol bereits am Morgen des 9. September unter die vollständige Kontrolle der Wehrmacht, die – auch mit Südtiroler Hilfe – sogleich Tausende italienischer Soldaten entwaffnete und festnahm, um sie nach Deutschland zu deportieren.
Mit Führererlass wurden die Provinzen Bozen, Trient und Belluno zur „Operationszone Alpenvorland“ zusammengeschlossen und

unter den Befehl des Obersten Kommissars Franz Hofer, Gauleiter von Tirol-Vorarlberg, gestellt. Formell war die Operationszone Teil der *Repubblica sociale italiana*[8], faktisch war sie vollständig vom Deutschen Reich abhängig und der Kontrolle der italienischen Behörden entzogen. Deutsch war nun neben Italienisch wieder als Amtssprache zugelassen. Auch die deutschen Volksschulen wurden wiedereröffnet. Unterricht wurde auf der Grundlage der nationalsozialistischen Programme und Schulbücher erteilt. In Bozen wurde ein Sondertribunal eingesetzt. Etwa 30 Personen - meist politische Gefangene oder Kriegsdienstverweigerer – wurden zum Tode verurteilt. Die *Podestà*, die faschistischen Amtsbürgermeister, wurden entlassen und durch lokale Kräfte ersetzt. Das gleiche Los ereilte viele öffentliche Angestellte italienischer Sprachzugehörigkeit. Polizei und Carabinieri wurden vom Sicherungs- und Ordnungsdienst SOD, einer aus dem bewaffneten Selbstschutzverband der Südtiroler Optanten für Deutschland hervorgegangenen Lokalmiliz, abgelöst. Ein Teil der zum Kriegsdienst eingezogenen Südtiroler wurde den lokalen Polizeiregimentern zugewiesen.
Die italienischen Bewohner Südtirols, die unter dem Faschismus das Sagen hatten, begannen nun urplötzlich, sich als schwache, entwurzelte Minderheit zu fühlen.

Das Polizei- und Durchgangslager Bozen

Das „Polizei- und Durchgangslager Bozen" wurde im Sommer 1944 in Betrieb genommen. Nachdem der Vormarsch der anglo-amerikanischen Truppen in Mittelitalien die Auflösung des Lagers Fossoli in der Provinz Modena erzwungen hatte, wurden Tausende politische Häftlinge, Kriegsgefangene, Juden, Sinti, Roma, Geiseln und einfache Kriminelle aus ganz Norditalien ins Bozener NS-Lager überstellt, wo auch viele Angehörige von Südtiroler Deserteuren festgehalten wurden. Es kam zu Hinrichtungen, Folter und Ermordungen. Mehrere Deportationszüge brachten Inhaftierte von Bozen aus in deutsche Vernichtungslager.
Im Lager selbst formierte sich eine Untergrundorganisation, die sich der Versorgung der Gefangenen annahm und den Kontakt zu den Herkunftsfamilien wiederherstellte. Unterstützung von außerhalb bekamen die Inhaftierten vom Nationalen Befreiungskomitee (CLN) und durch den mutigen Einsatz vieler im nahen Semirurali-Viertel wohnhafter Familien. Vor allem Frauen engagierten sich für die Gefangenen, ließen ihnen Pakete, Briefe und Geld zukommen und unterstützten die antifaschistische Propaganda.
Als das Lager in Betrieb genommen wurde, war Südtirols jüdische Gemeinde, die vor allem in Meran lebte, bereits dezimiert. Die drakonischen Rassengesetze von 1938 hatten einen Großteil der in Südtirol lebenden jüdischen Bevölkerung in die Emigration gezwungen. Die wenigen noch verbliebenen Juden wurden unmittelbar nach dem 8. September 1943 verhaftet. Einige von ihnen waren bereits vor dem Erlass des formellen Haftbefehls von Mitgliedern der Arbeitsgemeinschaft für Optanten gemeldet und daraufhin von den NS-Behörden festgesetzt worden.

[8] Nach dem Zusammenbruch des faschistischen Regimes und der Unterzeichnung der Waffenstillstandsvereinbarung mit den Alliierten rief Mussolini im September 1943 mit deutscher Unterstützung die Repubblica sociale italiana, die italienische Sozialrepublik, aus, die die deutschen Besatzungsgebiete in Norditalien verwalten sollte. An der Spitze dieses neuen Staates stand formal Benito Mussolini; faktisch war die RSI ein vom nationalsozialistischen Bündnispartner kontrollierter Satellitenstaat ohne eigene Entscheidungsmacht.

Straßenschild mit Warnung vor Partisanengruppen im Trentino

VOM WIDERSTAND ZUR DEMOKRATIE

Doppelter Widerstand

Die Widerstandsbewegung stieß weder bei der deutschen noch bei der italienischen Bevölkerung Südtirols auf große Resonanz. Die beiden Gruppen agierten zwischen 1943 und 1945 weitgehend nebeneinander, ohne dass es zu einem Austausch kam. Zwar gab es im Herbst 1944 einige Gespräche, doch die gegensätzlichen Vorstellungen über die Gestaltung der Nachkriegszeit – die Vertreter der *Resistenza* forderten den Verbleib Südtirols bei Italien, die deutschen Widerstandskräfte die Selbstbestimmung für die Südtiroler Bevölkerung – erwiesen sich als unüberwindbares Hindernis.

Auf italienischer Seite entstand die lokale Widerstandsbewegung innerhalb eines stark politisierten Kreises von Bozener Industriearbeitern. Anfang 1944 gründete Manlio Longon den Bozener Ableger des Nationalen Befreiungskomitees. Dieser nahm sogleich Kontakt zu Südtiroler NS-Gegnern auf, vor allem zu Erich Amonn, einem prominenten Vertreter der „Dableiber" und nach dem Krieg Gründungsmitglied und erster Obmann der Südtiroler Volkspartei. Am 31. Dezember 1944 wurde Longon in einer Zelle des Bozener Armeekommandos ermordet, nur wenige Tage, nachdem das Bozener Befreiungskomitee von den Nationalsozialisten zerschlagen worden war. Kurz vor Kriegsende entstand ein neues Befreiungskomitee, dessen vorrangiges Ziel der Schutz der Brennergrenze war.

Politisch-religiöse Kundgebung in Bozen am Herz-Jesu-Sonntag, 30. Juni 1946

In der deutschsprachigen Bevölkerung formierte sich der Widerstand vorwiegend unter den „Dableibern", aus deren Reihen bereits 1939 der Andreas-Hofer-Bund, eine katholisch geprägte Gruppe von NS-Gegnern, hervorgegangen war. Nach dem 8. September 1943 verfolgte der Andreas-Hofer-Bund unter der Führung von Hans Egarter seine politischen und militärischen Ziele im Untergrund und wurde dabei immer öfter von Deserteuren und Personen, die den Kriegsdienst aus religiösen Gründen verweigert hatten, unterstützt. Diese ethisch-moralische Komponente des Südtiroler Widerstands gegen die NS-Herrschaft lässt sich beispielhaft am Schicksal von Josef Mayr-Nusser ablesen: Mayr-Nusser wurde, nachdem er sich aus religiöser Überzeugung geweigert hatte, den Eid auf die Waffen-SS zu leisten, verhaftet und zum Tode verurteilt. Er verstarb im Februar 1945 auf dem Weg ins Konzentrationslager Dachau.

Befreiung und Demokratie

Von Mai bis Dezember 1945 stand Südtirol unter der Kontrolle der Alliierten Militärregierung. Sie war die oberste Entscheidungsinstanz auch für den italienischen Präfekten Bruno De Angelis. Entsprechend gering war dessen Ermessensspielraum. Wie es mit Südtirol weitergehen sollte, war zunächst unsicher. Südtirols Bevölkerung forderte in Anbetracht der anfänglichen Ungewissheit ihr Recht auf Selbstbestimmung ein. Auf mehreren Kundgebungen in Bozen und in ganz Südtirol, aber auch in Wien, Innsbruck, Graz und in weiteren österreichischen Städten, verlangten Tausende Demonstranten die Rückkehr Südtirols zu Österreich. Letztendlich aber überwog bei den vier Siegermächten der Wunsch, das Gleichgewicht zwischen den Mächten am Vorabend des Kalten Krieges nicht zu gefährden, und so hielten sie an der Brennergrenze fest.
Der demokratische Neubeginn in Italien bedeutete auch für Südtirols deutschsprachige Minderheit eine positive Wende. Nach 20 Jahren faschistischer Unterdrückung schien sich nach 1945 – nicht zuletzt auf Druck der Alliierten – die Haltung des Staates gegenüber der deutschsprachigen Bevölkerung zu wandeln. Bereits Ende 1945 waren deutsche Schulen wieder zugelassen. In der Folge verpflichtete sich die italienische Regierung, die im Faschismus italianisierten deutschen Familiennamen wiederherzustellen und den gleichberechtigten Gebrauch der deutschen Sprache in Verwaltung und Ortsnamengebung zuzulassen.

Das Pariser Abkommen

Vom 29. Juli bis zum 15. Oktober 1946 wurden auf der Konferenz von Paris die Friedensverträge zwischen den Siegermächten und den ehemaligen europäischen Verbündeten des Deutschen Reichs ausgehandelt. Im Rahmen der Konferenz einigten sich die Außenminister Österreichs und Italiens, Karl Gruber und Alcide De Gasperi, auf Druck der Alliierten, insbesondere Großbritanniens, auf ein Abkommen zum Schutz der deutschsprachigen Bevölkerung Südtirols.

Die im Gruber-Degasperi-Abkommen getroffenen Vereinbarungen waren vielfältig und weit reichend. In erster Linie war das Abkommen ein wichtiger Schritt zur Lösung der Optionsfrage: Es sah vor, dass die Optanten die Möglichkeit erhalten sollten, die italienische Staatsbürgerschaft wiederzuerlangen und, sofern sie bereits abgewandert waren, nach Südtirol zurückzukehren. Zudem wurden mit dem Abkommen die Weichen für die Verabschiedung des ersten Autonomiestatuts für die Region Trentino-Südtirol im Jahre 1948 gestellt.

Alle drei unmittelbar betroffenen Parteien – Italien, Österreich und Südtirol – mussten von ihren Maximalforderungen abrücken. Italien behielt das Gebiet südlich des Brenners, allerdings mit gewissen Einschränkungen, die durch die internationale Verankerung der Abmachungen aus dem Pariser Abkommen bedingt waren. Österreich musste auf die Angliederung Südtirols, die Südtiroler auf das Recht auf Selbstbestimmung verzichten.

Dem Abkommen liegt die Überzeugung zugrunde, wonach Minderheitenkonflikte sich nicht durch Grenzverschiebungen lösen lassen, sondern durch die Gewährung einer weit reichenden Autonomie. In diesem Sinne war das Gruber-De Gasperi-Abkommen ein erster, dafür aber umso bedeutenderer Schritt auf dem schwierigen Weg zu einem friedlichen Zusammenleben aller in Südtirol lebenden Sprachgruppen.

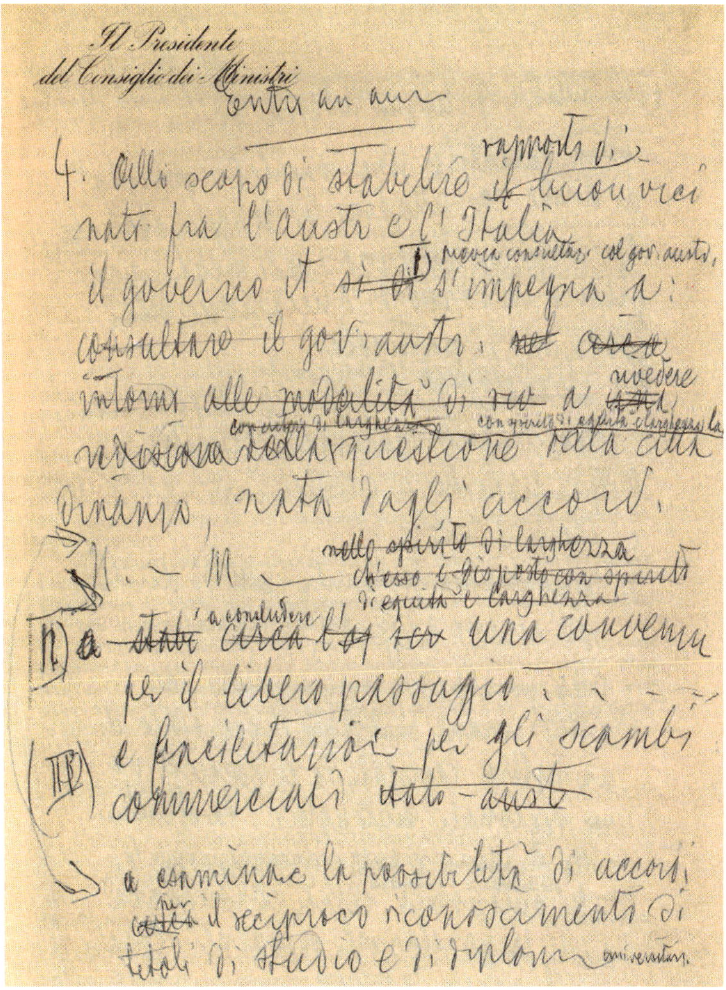

Il Presidente del Consiglio dei Ministri

4. Allo scopo di stabilire rapporti di buon vicinato fra l'Austr e l'Italia il governo it previa consultaz. col gov. austr. s'impegna a:

per il libero passaggio

e facilitazioni per gli scambi commerciali

a esaminare la possibilità di accordi per il reciproco riconoscimento di titoli di studio e di diplomi universitari.

> Eigenhändiges Konzept von Alcide De Gasperi für den Pariser Vertrag

DAS BOZEN DENKMAL: BAUGESCH ABRISS

ER SIEGES-
EIN
CHTLICHER

SILVIA SPADA

DAS KAISERJÄGERDENKMAL

Im Ersten Weltkrieg wurden die als k.u.k. Kaiserjäger bezeichneten Tiroler Schützenregimenter von der österreichisch-ungarischen Heeresführung an verschiedenen Frontabschnitten eingesetzt. Die Truppen erlitten im Zuge der Kampfhandlungen hohe Verluste. Es wurde daher beschlossen, ein Denkmal für die Gefallenen des in Bozen stationierten Zweiten Kaiserjägerregiments zu errichten. Den Auftrag erhielt der böhmische Architekt und Kriegsveteran Karl Ernstberger (1887–1972). Das Kaiserjägerdenkmal sollte auf einem öffentlichen Platz Bozens in der Nähe der Talferbrücke erbaut werden, unmittelbar an der Weggabelung der beiden Landstraßen nach Meran und Richtung Überetsch und Mendelpass.

Ernstberger hatte bereits Gefallenendenkmäler entworfen, als er das Bozener Projekt anging: Für die leicht abfallende Stätte sah er einen mächtigen neoklassizistischen Bau aus Meraner Porphyr vor, der kreisartig aufgebaut war. Die Mitte sollte ein zylinderartiger Turm mit einer Gedächtniskapelle einnehmen, umgeben von einem Arkadengang, in dessen Nischen Skulpturen und Gedenkinschriften Platz finden sollten. Das Dach der Kapelle war über zwei seitlich um den Turm herum gebaute Stufenaufgänge zugänglich. Zuoberst war eine kreisförmige Kolonnade aus dorischen Säulen vorgesehen, deren Mittelpunkt ein Grabmal und ein adlerbewehrter Obelisk bildeten. Ernstbergers engster Mitarbeiter, der Bildhauer Franz Ehrenhöfer (1880–1939), entwarf für das Denkmal den Skulpturenzyklus.

1917 begannen die Bauarbeiten, wurden aber aufgrund der österreichisch-ungarischen Niederlage 1918 wieder eingestellt. In der einjährigen Bauzeit waren der zylinderartige Turm in der Mitte des Denkmals, der Arkadengang und die zwei Stufenaufgänge errichtet sowie ein Teil des Skulpturenzyklus fertiggestellt worden. Vier Plastiken sind heute noch erhalten und befinden sich im Freigelände vor dem Bergisel-Museum in Innsbruck. Sie tragen die Titel *Soldatengebet*, *Soldatenleid*, *Soldatenlied* und *Soldatentreue*. Ein exakter Abguss der *Soldatentreue* ist in den Ausstellungsräumen von *BZ '18–'45 – Eine Dokumentations-Ausstellung im Siegesdenkmal* zu sehen.

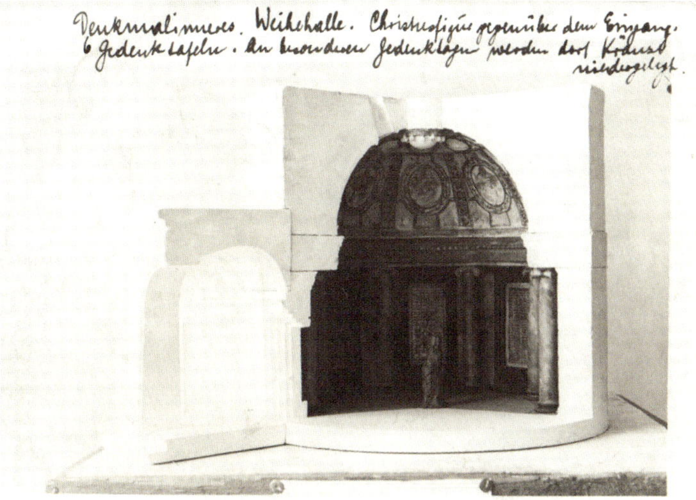

Modell des Kaiserjäger-denkmals: Aufriss der Weihehalle und Gesamtansicht, 1917

Blick durch das Eingangstor des Talferparks Richtung Bozener Altstadt, Ansichtskarte von 1898

> Das Areal des Talferparks in Gries bei Bozen, Bebauungsplan von Richard Müller, 1913

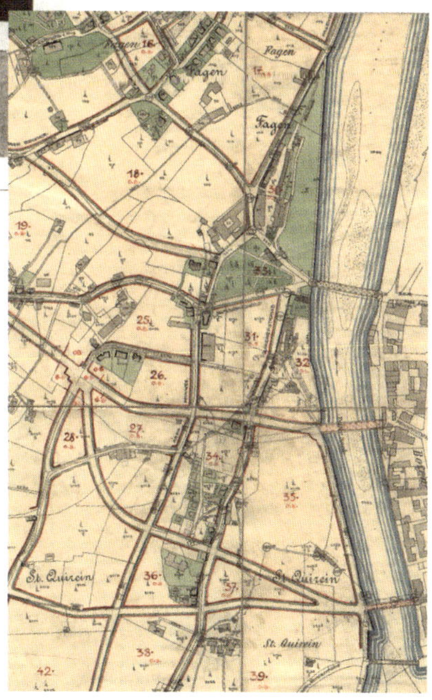

< Das Kaiserjägerdenkmal im unfertigen Zustand (bis zum Abbruch 1926)

Seite 2. Nr. 158. „Innsbrucker Nachrichten" Donnerstag, den 12. Juli 1928.

Das Gefallenendenkmal des zweiten Regiments der Tiroler Kaiserjäger

Der „Held" Battisti.

Eine Kaiserjäger-Heldenfeier am Berg Isel.

Die „Sieger".

Das „Sieges"-Denkmal.

Mussolini über Südtirol.

Das Kaiserjägerdenkmal im Bau, 1917

< Das Kaiserjägerdenkmal im geplanten Endausbau, „Innsbrucker Nachrichten", 12. Juli 1928

VOM KAISERJÄGERDENKMAL ZUM SIEGESDENKMAL

Die Nachkriegsjahre standen ganz im Zeichen des von Ettore Tolomei vorangetriebenen Entnationalisierungsprogramms, mit dem Südtirol vollständig italianisiert werden sollte. Zu den geplanten Maßnahmen zählte auch die Forderung, die Statue des Minnesängers Walther von der Vogelweide als Symbol des „Deutschtums" vom Bozener Hauptplatz zu entfernen. Mussolini ließ – auch um die internationalen Spannungen aufgrund der forcierten Italianisierung des Landes nicht weiter anzuheizen – dieses Ansinnen vorerst ruhen. Die Waltherstatue wurde erst 1935 in den kleinen Rosegger-Park verlegt.

Am 6. Februar 1926 gab Mussolini hingegen seine Absicht bekannt, ein Cesare Battisti und den „Märtyrern" des Irredentismus gewidmetes Denkmal errichten zu lassen. Der dafür ausersehene Ort sollte der *„Platz in Bozen (sein), auf dem das Denkmal für den deutschen Sieg hätte erbaut werden sollen."*[1]. Anstelle des Kaiserjägerdenkmals sollte nun ein Denkmal „im Stile reinster italienischer Kunst" entstehen. Sechs Wochen später wurde der Architekt Marcello Piacentini mit dem Entwurf des Denkmals beauftragt.

Zeitgleich mit der Ernennung Piacentinis startete eine italienweite Spendensammlung. Eine Gruppe italienischer Industrieller bot an, Marmor aus Carrara zu spenden, und eine Turiner Firma schlug vor, die Büste Battistis aus der Bronze eingeschmolzener österreichischer Kanonen gießen zu lassen.

[1] (...) *"in una piazza di Bolzano [...] sulle stesse fondamenta sulle quali doveva sorgere il monumento alla vittoria tedesca." in: B. Mussolini, Difesa dell'Alto Adige, in Scritti e discorsi dal 1925 al 1926, Mailand 1934, S. 261-269.*

GERE LA PATRIA DA

Dokumentations-Ausstellung BZ '18–'45, äußerer Rundgang, Raum 6: Vom ersten bis zum letzten Stein

Dokumentations-Ausstellung BZ '18–'45, äußerer Rundgang, Raum 1: Ein Denkmal entsteht

> Entwurf für das Denkmal von Marcello Piacentini, 1926

PLANUNG UND BAU DES NEUEN DENKMALS

Ab dem Zeitpunkt seiner Beauftragung nahm der Architekt Marcello Piacentini seine Aufgabe im Sinne eines glühenden Nationalismus wahr. Er beabsichtigte, mehr als ein bloßes Denkmal zu errichten – das Monument sollte Symbol des siegreichen Nationalstaates werden. Piacentini wollte den Triumphbogen des römischen Imperiums für das 20. Jahrhundert zu neuem Leben erwecken. Das Denkmal wurde daher aus dem wichtigsten aller an Rom erinnernden Materialien erbaut, dem Marmor (er kam letztendlich nicht aus Carrara, sondern aus der Lombardei). Die Krypta wurde mit den Porphyrsteinen des abgetragenen Kaiserjägerdenkmals ausgekleidet. Das Inschriftenprogramm sollte das Denkmal zum Grenzzeichen, Opferaltar und Eingangstor zu Mussolinis neuem Italien machen, darüber hinaus Italiens höheren Zivilisationsanspruch gegenüber den nördlichen Nachbarn nachhaltig herausstreichen. Piacentinis Absicht war es, nichts weniger als das erste „echt faschistische Denkmal" zu errichten. Mehr noch, das Siegesdenkmal bildete für das faschistische Regime den Ausgangspunkt, um das Bozener Stadtbild grundlegend umzugestalten.

Das Siegesdenkmal war daher von Anfang an als stadtraumprägendes Bauwerk konzipiert. Am Scharnier des alten und des geplanten neuen Bozens gelegen, griff es der kommenden Stadtentwicklung vor und bildete den markanten Ausgangspunkt für die weitere Expansion des vom Regime gewollten *Grande Bolzano.* Die Grundsteinlegung erfolgte programmatisch am zehnten Jahrestag von Cesare Battistis Tod. Die Feierlichkeiten am 12. Juli 1926 fanden im Beisein

> Der Bischof von Trient und der italienische König bei der Grundsteinlegung, 12. Juli 1926

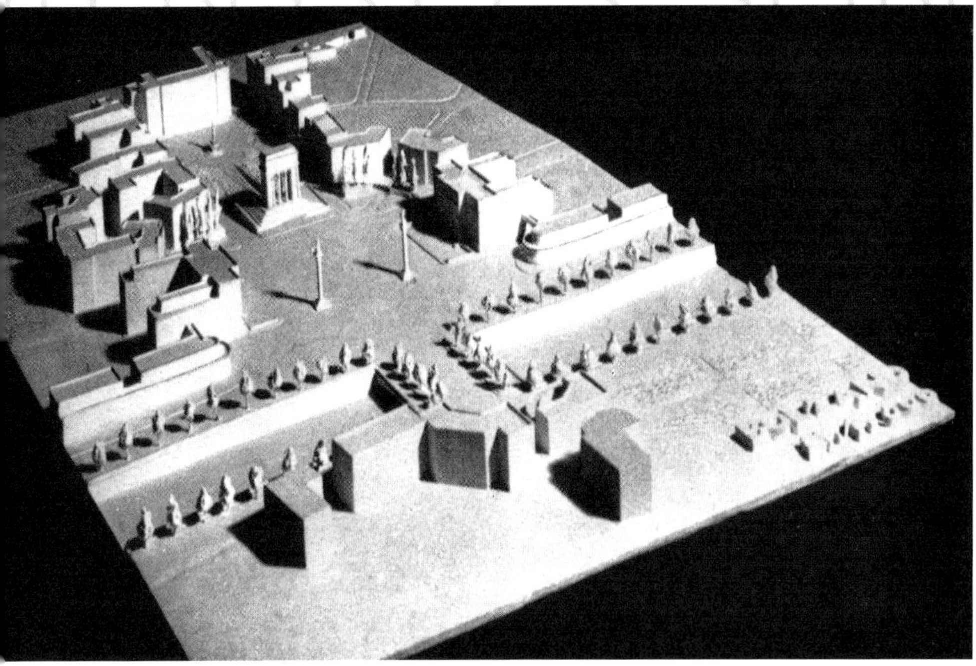

< Modell des Areals rund um das Siegesdenkmal von Marcello Piacentini, 1933–1935

von König Viktor Emanuel III. statt und weckten italienweit erhebliches Medieninteresse.

Piacentini war gerade mit der Planung der künstlerischen Gestaltung des Architravs, des Altars und der Krypta beschäftigt. Der Abbruch des Kaiserjägerdenkmals begann im Frühjahr 1927, gleichzeitig mit der ersten Bauphase des neuen Denkmals.

In dieser ersten Phase bemühte sich Piacentini um die Billigung seiner Entwürfe durch die verschiedenen Ministerien. Gleichzeitig verhandelte er Aufträge für sich selbst und die herbeigezogenen Künstler. Auch kümmerte er sich um die Feinabstimmung des Bauprogramms, zumal es Bedenken wegen der verschiedenen, am Bau beteiligten Künstler und ihrer uneinheitlichen Stilrichtungen gegeben hatte.

Das Siegesdenkmal im Baugerüst, 1926–1928

Am 26. Mai 1926 erschien in der Tageszeitung *Corriere della Sera* ein großer Artikel über Piacentinis Bauvorhaben in Bozen. Nach dem vollständigen Abbruch des Kaiserjägerdenkmals kamen die Bauarbeiten ab Mitte des Jahres 1927 immer rascher voran. Zum Jahresende berichtete Piacentini, dass der Bau beinahe beendet sei. Als Datum für die Einweihung wurde der 12. Juli 1928 festgesetzt, genau zwei Jahre nach der Grundsteinlegung. In der ersten Hälfte des Jahres 1928 wurden vornehmlich die bildhauerischen Teile fertig gestellt.

< Marcello Piacentinis Siegesbogen/Triumphbogen in Genua (mit Plastiken von Arturo Dazzi), 1924–1931

DIE ARCHITEKTONISCHEN BESONDERHEITEN DES SIEGESDENKMALS

Piacentinis erstes Denkmal aus der Zeit des Faschismus war der Triumphbogen in Genua, der in enger Zusammenarbeit mit dem Bildhauer Arturo Dazzi zwischen 1923 und 1931 erbaut wurde. Wirkt das Genueser Denkmal mit seinen von der römischen Klassik inspirierten und in der Neoklassik häufig verwendeten Bauelementen mit dorischer, ionischer, korinthischer und kompositer Säulenordnung eher konventionell, verwendete Piacentini beim Bozener Siegesdenkmal eine völlig neue Form, die insgesamt linearer – und somit moderner – wirkt: Der Architrav liegt direkt auf den Säulen auf, und die rechtwinklige Struktur und

< Entwurfszeichnung für das Bozener Denkmal von Marcello Piacentini, 1926

Rendering des Siegesforums nach
Marcello Piacentinis Bebauungsplan, 1934

das Wechselspiel von waag- und senkrecht aufeinander abgestimmten Linien bestimmen sowohl die granitene Plattform des Denkmals als auch die kubischen Bauvolumen unterhalb des Architravs.
Piacentini führte auch eine neue Säulenordnung ein, die Liktorensäule als Symbol der faschistischen Staatsmacht. Der massive Oberbau ruht auf 14 monumentalen Pfeilern in der Form von stilisierten Rutenbündeln, den *Fasces* mit hervorstehenden Beilklingen. Dieser weist nicht mehr klassisch inspirierte Reliefs auf, sondern ist mit einer martialischen Inschrift, der *Siegesallegorie* von Dazzi und weiteren kleineren Dekorelementen versehen. Das Siegesthema ist nicht bloß mit nationalistischem Pathos, sondern auch mit christlicher Motivik aufgeladen: Im Zentrum der Plattform des Denkmals erhebt sich – unmittelbar über der Krypta – die Plastik des auferstandenen Christus, umgeben von den Pfeilerbüsten der Trentiner „Märtyrer“ (Cesare Battisti, Fabio Filzi und Damiano Chiesa).

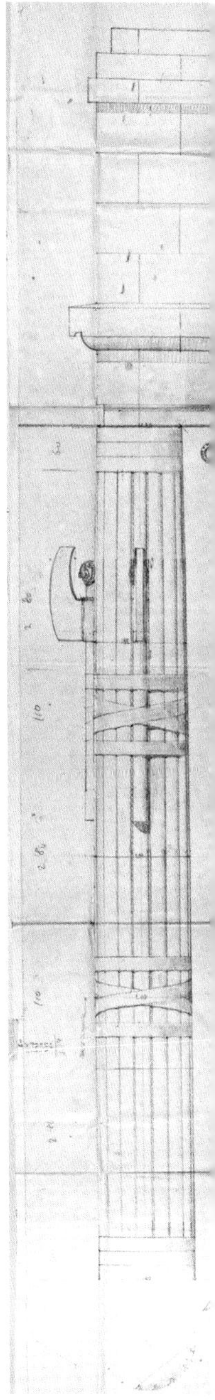

> Skizze Marcello Piacentinis
mit der liktorischen
Säulenordnung, 1926

Das Denkmal
kurz vor seiner
Enthüllung, 1928

Der Trachtenumzug anlässlich
der Einweihung des Sieges-
denkmals, 12. Juli 1928

LA DOMENICA DEL CORRIERE

Si pubblica a Milano ogni settimana

Supplemento illustrato del "Corriere della Sera"

Anno XXVIII – N. 30. | 25 Luglio 1926 | Centesimi 30 la copia.

La solenne cerimonia della posa della prima pietra per il Monumento della Vittoria, a Bolzano.
Il Re firma la pergamena che reca l'epigrafe dettata da Gabriele D'Annunzio.

< Die Grundsteinlegung zum
Bozener Siegesdenkmal,
Illustriertenbericht vom
25. Juli 1926

DIE EINWEIHUNG

Das Siegesdenkmal wurde mit einer der prunkvollsten Feiern eingeweiht, die das Regime in Bozen je veranstaltete. Die Tagespresse kündigte in Riesenlettern an, dass auch der „Soldatenkönig" anwesend sein würde. Er wolle den Opfergang aller Soldaten, die den Sieg erst ermöglicht hätten, ehren und damit dem Denkmal eine überregionale Bedeutung verleihen.

Bereits in den Tagen vor den Einweihungsfeierlichkeiten hatte die Stadt ihr Gesicht verändert. Bunte Lichterketten, savoyische Wappen, Gebäudeschmuck und Fahnen empfingen Tausende Italiener, viele davon Kriegsveteranen, die in Sonderzügen nach Bozen gebracht wurden. Unzählige militärische Vereine, Veteranenverbände und Parteiorganisationen marschierten vor dem Denkmal auf. Auch Vertretungen der Südtiroler Gemeinden nahmen am Umzug teil, gemeinsam mit vielen Trachtenmusikkapellen – damit beabsichtigte das Regime, die „spontane" Teilnahme auch der deutschprachigen Bevölkerung hervorzukehren.

Trotz aller Propaganda und Schönfärberei rief die Errichtung des Denkmals auch Widerstand und Unmut hervor. Noch vor Baubeginn musste Mussolini seine Absicht begraben, das Denkmal dem Trentiner Irredentisten und Sozialisten Cesare Battisti zu widmen, der am 12. Juli 1916 von den Österreichern wegen Hochverrats hingerichtet worden war. Ebenso beharrlich wie mutig wehrten sich Battistis Witwe Ernesta Bittanti und ihre Kinder gegen dessen Vereinnahmung durch die faschistische Diktatur.

Anlässlich der Einweihung des Denkmals bekundete die deutschsprachige Bevölkerung südlich und nördlich des Brenners ihren Dissens in einer beeindruckenden Protestkundgebung am Bergisel bei Innsbruck, an der rund 10.000 Personen teilnahmen. Im Juni 1928 wurde in Innsbruck der Trentiner Sozialist Giuseppe Tovazzi festgenommen. Den österreichischen Behörden gegenüber gab er an, ein politischer Dissident zu sein und für den Einweihungstag ein Sprengstoffattentat auf das Denkmal geplant zu haben. Seine Angaben konnten zwar nicht bestätigt werden, doch verdeutlicht bereits die Tatsache, dass Tovazzi versuchte, mit derlei Argumenten die Gunst der österreichischen Polizei zu gewinnen, welches Ärgernis das Siegesdenkmal für die Tiroler Bevölkerung darstellte.

ABC
THE MONUMENT'S ABC
L'ABC DEL MONUMENTO
DAS DENKMAL-ABC

Dokumentations-Ausstellung BZ '18–'45,
Eckraum 2: Das Denkmal-ABC

DAS DENKMAL-ABC

A

ALTAR – ALTARE – ALTAR

Über der absichtlich leer gelassenen Krypta erhebt sich der dem auferstandenen Christus geweihte Altar, ein Werk des Bildhauers Libero Andreotti. Die nach einem Tonmodell gefertigte Bronzeplastik ruht auf einem Sockel, der die Mitte des Denkmals markiert und dessen erhöhte Rückwand aus rotem Porphyr besteht. Am Altar sollte der italienischen Gefallenen und der Wiedergeburt des Vaterlandes gedacht werden. Dies kommt auch in der Christusfigur zum Ausdruck, die in einer Weise aufragt, als stiege sie aus der Krypta unter dem Altar empor.

C

COLUMNS – COLONNE – SÄULEN

Das Denkmal wird von 14 liktorischen Säulen getragen. In der europäischen Architekturgeschichte haben Säulen nicht nur funktionale Bedeutung, sondern bestimmen auch den Stil eines Gebäudes innerhalb eines klassischen Gliederungssystems (dorisch, ionisch, korinthisch). Die liktorische Säule entstammt zwar nicht der klassischen Säulenordnung, ist jedoch von der Antike inspiriert – die *fasces lictorii* waren ein Machtsymbol römischer Magistrate. In der Französischen Revolution als republikanisches Hoheitszeichen verwendet, kehrte das Liktorenbündel in der Bewegung der *Fasci siciliani* (1891) und im Manifest der *Fasci d'azione internazionalista* (1914) wieder, ehe es zum Symbol von Mussolinis „Revolution" aufrückte.

C

CRYPT - CRIPTA - KRYPTA

Die Krypta des Siegesdenkmals ist keine wirkliche Grablege, sondern hat rein zeremonielle Funktion. An den beiden Stirnseiten mit zwei monumentalen Fresken von Guido Cadorin versehen, der *Wächterin des Vaterlandes* und der *Wächterin der Geschichte*, befindet sie sich unmittelbar unterhalb des Altars mit Andreottis Christus-Statue.
Ursprünglich befanden sich folgende Artefakte in der Krypta:
a) *„eine schmiedeeiserne Urne aus Nussholz, in der Erde aufbewahrt wurde, die vom Ort der Hinrichtung der ‚Märtyrer' stammte;*
b) *eine schmiedeeiserne Halterung aus Nussholz für die Urne;*
c) *ein Lesepult aus Nussholz mit geschnitzten Fackeln;*
d) *ein ledergebundenes, mit Bronze verziertes Gästebuch mit einem Buchrücken in Form eines Liktorenbündels;*
e) *ein Tintenfass aus Bronze mit dazugehörigem Glas*
f) *eine Bronzefeder"*[2]
All diese Gegenstände sind nach dem 8. September 1943 abhanden gekommen. Die Kandelaber in der Krypta sind Nachbildungen.

[2] Beschreibung des Bozener Siegesdenkmals, Bozen, 14. Juli 1928, Archivio Centrale dello Stato, Rom

UNGLÜCKLICH DAS

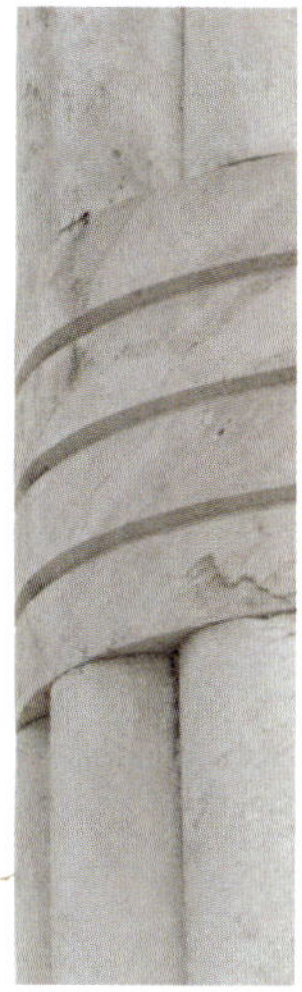

H

HERMS – ERME – HERMEN

Hermen sind viereckige Pfeilerbüsten unterschiedlicher Höhe. In der klassischen Antike wurden solche erhöhten Kopfplastiken an Wegkreuzungen, Grenzen und Toren aufgestellt, um den Schutz des Hermes, des Gottes der Reisenden, zu erflehen. Die Hermen des Denkmals sind den drei Irredentisten (Cesare Battisti, Fabio Filzi, Damiano Chiesa) gewidmet, denen der Titel *Erzmärtyrer des Weltkrieges* verliehen wurde.

I

INSCRIPTIONS – ISCRIZIONI – INSCHRIFTEN

Die meisten Inschriften am Siegesdenkmal wurden vom faschistischen Kultusminister Pietro Fedele verfasst oder sind Zitate aus den Schriften Ciceros, Horaz', Livius' und dem altrömischen Zwölftafelgesetz. Trotz dieser klassischen Referenzen erscheint auf dem Westgiebel irrigerweise *aer* (Luft) statt *aes* (Erz, d. h. Geld), wohl ein der Ausführung geschuldeter Fehler.

AN DER VORDERSEITE
HIC PATRIAE FINES SISTE SIGNA / HINC CETEROS EXCOLVIMVS LINGVA LEGIBVS ARTIBVS
Hier sind die Grenzen des Vaterlandes, richte die Feldzeichen auf! / Von hier aus erzogen wir die anderen durch Sprache, Recht und Kunst

AN DER RÜCKSEITE
IN HONOREM ET MEMORIAM FORTISSIMORUM VIRORUM QUI IUSTIS ARMIS STRENUE / PUGNANTES HANC PATRIAM SANGUINE SUO PARAVERUNT ITALI OMNES AER (!) COLL .
Zur Ehre und Erinnerung an die tapferen Männer, die unnachgiebig den gerechten Krieg führten und mit ihrem Blut das Vaterland errichteten, haben alle Italiener Geld gesammelt

AN DER NÖRDLICHEN INNENSEITE
OPUS MARCELLI PIACENTINI ARCH. ROM. AETAT. XLVI
Errichtet von Marcello Piacentini, römischem Architekten, im Alter von 46 Jahren (Signatur des Architekten)

AN DER NORDSEITE
VIC. EMAN. III. REGE A. MCMXXVIII
[Unter] König Viktor Emanuel III. im Jahr 1928

AN DER SÜDSEITE (1945 entfernt)
BEN. MUSSOLINI, ITAL. DUCE A. VI
[Unter] Benito Mussolini, Führer Italiens, im 6. Jahr
[der faschistischen Ära]

INSCHRIFTEN SEITLICH DER BÜSTE BATTISTIS
FACERE ET PATI FORTIA ROMANUM EST
Echt römisch ist es, große Dinge zu tun und zu ertragen
(Titus Livius, *Ab urbe condita* 2.12)
ADVERSUS HOSTEM AETERNA AUCTORITAS
Gegenüber Fremden hat Eigentumsrecht ewige Geltung
(*Zwölftafelgesetz*, 6.4)

Inschriften zwischen den Büsten Filzis und Chiesas
QUI PRO PATRIA VITAM REDDIDERUNT NON MORTEM
SED IMMORTALITATEM SUNT CONSECUTI
Wer für das Vaterland sein Leben hingibt, erlangt nicht den Tod, sondern die Unsterblichkeit (frei nach Cicero, *Pro Plancio* 90)

Inschriften in der Krypta
OPTIMA HAEREDITAS GLORIA VIRTUTIS RERUMQUE GESTARUM
Das schönste Erbe ist der Ruhm der Tugend und der Taten
(Cicero, *De officiis* 1.121)

DULCE ET DECORUM EST PRO PATRIA MORI
Süß und ehrenvoll ist es, für das Vaterland zu sterben
(Horaz, *Carmina* 3.2.13)

In der Krypta werden mit Lasertechnik die vorhandenen lateinischen Inschriften mit folgenden Laufschriften überblendet, die eine Art Gegenkommentar bilden:

„Keiner hat das Recht zu gehorchen“ (Hannah Arendt)
„Unglücklich das Land, das Helden nötig hat“ (Bertolt Brecht)
„Die Pflicht eines Patrioten ist es, sein Land vor der eigenen Regierung zu schützen“ (Thomas Paine)

M

MATERIALS – MATERIALI – BAUMATERIALIEN

Beim Bau des Siegesdenkmals fanden verschiedene Materialien Verwendung: Der Stufenaufgang besteht aus grauem Granit, die tragenden Teile sind aus Zement und Eisenbeton, für die Architekturelemente wurden weiß-rosa durchzogener Zandobbio- und Botticino-Marmor aus Steinbrüchen bei Bergamo und Brescia herangezogen. Der Christus-Altar ist aus rotem Porphyr aus der Val Camonica, für den Boden rund um den Altar kamen gelber Marmor aus Siena und dunkelgrauer Repen-Marmor zum Einsatz. Die Decke über dem Altar und das Eingangstor sind aus Bronzeplatten gestaltet. Die Krypta ist an den Wänden mit grauem Stein aus dem abgetragenen Kaiserjägerdenkmal ausgekleidet.

N

NICHES – NICCHIE – NISCHEN

Als dekoratives Element sind an allen vier Seiten des Denkmals 24 Nischen jeweils in Dreiergruppen übereinander angeordnet, sechs davon an jeder Seitenwand. Bereits in den Skizzen Piacentinis sind die Nischen leer.

P

PROTOMES – PRÒTOME – PROTOMEN

Protomen sind Halbfiguren, ähnlich den Wasserspeiern an den gotischen Kathedralen. Sie wurden zu Dekorationszwecken an Gebäuden und Denkmälern angebracht.

DER ARCHITEKT MARCELLO PIACENTINI

Die Bemühungen der verschiedenen Regionen müssen ein gemeinsames Ziel haben, und die Architekten haben sich besser abzustimmen, um eine moderne Nationalkunst hervorzubringen. [...] Und vielleicht liegt es gerade an uns, die wir einen Augenblick tiefster Erweckung erleben, dank unseres stets wachsamen, festen und ernsten Geistes die universale Baukultur neu zu beleben, auf dass wir auf diese Weise die Schönheit wieder entdecken.

Marcello Piacentini, Architettura d'oggi, 1930

Der Erbauer des Bozener Siegesdenkmals, Architekt Marcello Piacentini (Rom 1881–1960), ist einer der prägenden Gestalten der italienischen Architektur der ersten Hälfte des 20. Jahrhunderts. Als Professor für Stadtplanung an der Universität Rom und Mitglied der faschistischen Italienischen Akademie von 1929 bis 1944 zeichnete er für zentrale Bauvorhaben der Mussolini-Ära verantwortlich. Dazu zählen die Gestaltung der Piazza della Vittoria (Siegesplatz) in Brescia (1932), die Errichtung des neuen Universitätsviertels von Rom (1932–1935), das monumentale Gerichtsgebäude von Mailand (1941) und die Planung des EUR-Viertels in Rom (1937–1943).

Piacentini vor dem Faschismus

Piacentini war der Sohn des Architekten Pio Piacentini (Rom 1846–1928), dessen neoklassizistische Handschrift in der römischen Hauptstadt des ausgehenden 19. Jahrhunderts nicht zu übersehen ist, beispielsweise am 1882 vollendeten Palazzo delle Esposizioni in der Via Nazionale. Der junge Marcello Piacentini, der bereits mit 26 Jahren den Wettbewerb für die Neugestaltung des Stadtzentrums von Brescia für sich entscheiden konnte, setzte sich rasch vom väterlichen Klassizismus ab. Seine frühen Arbeiten wie das Corso-Kino in Rom (1915) bezeugen intensive Kontakte zu Deutschland und Österreich; insbesondere ist der Einfluss der Wiener Sezession und von deren dekorativer Emphase unverkennbar. Piacentinis spätere Entwicklung wandte sich ganz einem monumentalen Rationalismus zu, und er kehrte damit in gewisser Weise auf die väterlichen Traditionslinien zurück. In Piacentinis Bestreben, eine „moderne Nationalkunst" zu erschaffen, fanden Klassizismus und moderne Erneuerung zu einer ganz eigenen Mischung.

< Portraitaufnahme Marcello Piacentinis von Ghitta Carell, 1930

> Dokumentations-Ausstellung BZ '18–'45, Eckraum 3: Marcello Piacentini

Ungeachtet seines architektonischen Nationalismus sah Piacentini über die internationale Entwicklung durchaus nicht hinweg. So beteiligte er sich 1922 am Wettbewerb für den Wolkenkratzer der Chicago Tribune, nicht ohne später den Bautypus des Hochhauses als „unitalienisch“ abzuqualifizieren. 1925 entschied Piacentini den Auftrag zur Errichtung des Siegesbogens in Genua für sich. Auch dank des dort bewiesenen planerischen Geschicks wurde Piacentini in der Folge vom faschistischen Regime mit der Gestaltung des Bozener Siegesdenkmals betraut.

Piacentini während des Faschismus

I) Obgleich Piacentinis Verbindungen mit Italiens liberalen Regierungen und den Freimaurerbünden diesem sogar squadristische Überfälle mit Gummiknüppel und Rhizinusöl einbrachten, ließ ihn sein moderater architektonischer Modernismus rasch zum ästhetischen Schlüsselexponenten von Mussolinis konservativer „Revolution“ aufrücken. Da Piacentini als „Staatsarchitekt“ des faschistischen Regimes nach 1945 lange Zeit als Unperson galt, wurden die Vielschichtigkeit und Qualität seines Œuvres erst spät neu bewertet. Erst so wurde sichtbar, dass Piacentinis Architektur im engen Bezug zum Faschismus nicht aufgeht, sondern zentrale Eingebungen aus vielfältigen italienischen und internationalen Traditionsbeständen bezog. Dessenungeachtet besteht Einigkeit in der Einschätzung, wonach Piacentinis Architektur zu den zentralen Merkmalen und zum Kernbestand des faschistischen Regimes gehört.

> Marcello Piacentini, Fassade des Gerichtsgebäudes in Messina (1923–1928)

Marcello Piacentini, Salon des Rathauses von Bengasi (Libyen)

II) Zu Piacentinis bedeutendsten Arbeiten während der faschistischen Ära zählen:

- das Gerichtsgebäude in Messina (1923–1928)
- die Piazza della Vittoria in Genua (1925–1931)
- das Gebäude des Ministeriums der faschistischen Verbände in Rom (1927–1932)
- die Piazza della Vittoria in Brescia (1928–1932)
- die Gesamtplanung der Universität La Sapienza in Rom (1931–1935)
- das Gerichtsgebäude in Mailand (1931–1941)
- die Planung der Via della Conciliazione in Rom (1936–1937)
- der italienische Pavillon für die Weltausstellung in Paris (1936–1937)
- der Gesamtentwurf für das EUR-Viertel in Rom (1937–1943)

Zusätzlich zum Siegesdenkmal zeichnete Piacentini in Bozen für folgende Bauvorhaben und -planungen verantwortlich:

> Marcello Piacentini, Sportpalast in Rom (Draufsicht), 1958

Marcello Piacentini, Innenansicht des Sportpalastes in Rom, 1958

- den Bozener Bauleitplan (1933)
- das Gebäude des Obersten Armeekommandos (1935)
- die Neugestaltung des Siegesplatzes (1939)

III) Der Umstand, dass Piacentini so zahlreiche öffentliche Aufträge an sich zog, hat mehrere Gründe. Zum einen pflegte er sehr enge Kontakte zu bekannten Persönlichkeiten und Politikern, außerdem besaß er in dem einflussreichen Kunstkritiker Ugo Ojetti einen wichtigen Fürsprecher. Von entscheidender Bedeutung war aber das große Ansehen, das er bei Benito Mussolini genoss. Der enge Kontakt zum italienischen Diktator war die nachhaltigste Garantie für Piacentinis Erfolg. Zwischen 1924 und 1941 sind nicht weniger als 65 persönliche Treffen zwischen Piacentini und dem Duce bezeugt.

Piacentini nach dem Sturz des Faschismus

1945 musste sich Piacentini vor der antifaschistischen Kommission zur Säuberung der italienischen Universitäten verantworten – zu schwer wogen seine zahlreichen vom faschistischen Regime erteilten Bauaufträge, seine persönliche Verantwortung für den „liktorischen Stil", nicht zuletzt seine enge persönliche Bindung zu Mussolini. Dennoch wurde er, ob nun zu Recht oder zu Unrecht, freigesprochen. Daraufhin setzte er seine Architektenkarriere fort, als ob nichts gewesen wäre. 1950 vollendete er in Rom die monumentale Via della Conciliazione und übernahm im selben Jahr die oberste Leitung der Stadtplanungsbehörde des EUR-Viertels. Im Folgejahr wurde er Rektor der Fakultät für Architektur an der Universität Rom und beteiligte sich an den Entwürfen für den Bauleitplan von 1954 sowie an den Vorplanungen für die Olympischen Spiele in Rom, ehe er 1960 verstarb.

BZ '18–'45: Siegesdenkmal, Detail des Ostgiebels mit Arturo Dazzis geflügelter Siegesgöttin

ROM ITS GOVERNME

Pietro Canonica, Lehm-
Modell des Prometheus, 1926

DIE KÜNSTLERISCHE GESTALTUNG DES DENKMALS

Der Auftrag von Marcello Piacentini erschöpfte sich nicht in der Planung des Siegesdenkmals und in der Leitung der Bauarbeiten, wie Art. 4 des am 12. November 1926 abgeschlossenen Vertrags festlegte: „*Architekt Piacentini ist für den Bau und die künstlerische Gestaltung des Siegesdenkmals verantwortlich. Es ist auch seine Aufgabe, die Arbeit der vier Bildhauer zu überwachen, sowohl hinsichtlich der Interpretation der Projektvorgaben als auch in der Durchführung ihrer Aufgaben, auf dass das Denkmal ein harmonisches und einheitliches Bauwerk werde.*“[3]

Mit Arturo Dazzi, Libero Andreotti, Pietro Canonica und Adolfo Wildt handelte es sich um vier Bildhauer, die hinsichtlich Ausbildung, Stil und Weltanschauung schwerlich auf eine Linie zu bringen waren. Ihre Beauftragung ließ bereits zu Beginn der Arbeiten vermuten, dass es schwierig werden würde, die bildhauerischen Leistungen der Künstler zu einem harmonischen Ganzen zusammenzufügen. Vier der italien- und europaweit bekanntesten Bildhauer der 1920er Jahre mit dem Bozener Auftrag zu betrauen, gibt wohl das Bemühen Piacentinis zu erkennen, vor Ort eine zeitgebundene Nationalkunst und -kultur ganz im Sinne der Inschrift am Ostgiebel zu propagieren (*Hinc ceteros excoluimus lingua legibus artibus*).

> BZ '18–'45: Siegesdenkmal, Detail des Ostgiebels mit Arturo Dazzis geflügelter Siegesgöttin

ARTURO DAZZI (CARRARA 1881–PISA 1966)

Siegesallegorie

Nach dem Studium an der Akademie der schönen Künste in Carrara wirkte Arturo Dazzi in Rom. In seinen Skulpturen gestaltete er bevorzugt soziale Thematiken und bediente sich einer Mischung aus Naturalismus und Impressionismus. Späterhin entwarf er Denkmäler im klassizistischen Stil, mehrmals in Zusammenarbeit mit dem Architekten Piacentini, so den Monumentalfries für den Triumphbogen in

[3] *„L'Architetto Piacentini si assume in totale la responsabilità dell'esecuzione del Monumento nei riguardi artistici e costruttivi. Assume inoltre l'obbligo di sorvegliare i quattro scultori, sia nella interpretazione del progetto, sia nella esecuzione, onde si abbia a conseguire armonia e unità.“ In: U. Soragni, Il Monumento alla Vittoria di Bolzano. Architettura e scultura per la città italiana (1926–1938), Vicenza 1993, S. 72–75.*

< BZ '18–'45: Siegesdenkmal, Libero Andreottis Auferstandener Christus, Detail

Genua (1924–1931). Für den Ostgiebel des Siegesdenkmals (1926–1928) schuf er die *Siegesallegorie*, eine nackte geflügelte Frauenfigur mit losem Umhang, die einen Pfeil in nördliche Richtung abschießt. Dazzis Vorlage war die geflügelte Siegesgöttin der Klassik, idealtypisch ausgebildet in der Nike von Samothrake im Pariser Louvre.

Dazzis Skulptur wurde aus großen Marmorblöcken gehauen. Die Kraft der Bewegung entsteht durch die großen, bewegten Falten ihres Mantels und die plastisch herausgearbeiteten Flügel und das dadurch entstehende Licht- und Schattenspiel. Der Rückgriff auf die Antike und die moderne Umsetzung eines antiken Motivs sind zwei typische Elemente im Gesamtkonzept des Siegesdenkmals. Die *Siegesallegorie* fügt sich harmonisch in den Hauptgiebel ein und kann als eine der am besten gelungenen Inszenierungen von Piacentinis Konzept bezeichnet werden.

LIBERO ANDREOTTI (PESCIA 1875–FLORENZ 1933)

Der Altar

Andreotti war kein akademisch ausgebildeter Künstler, er war jedoch von Jugend an künstlerisch tätig: Zuerst arbeitete er als Illustrator, Karikaturist, Keramikdekorateur und Maler. Später widmete er sich der Bildhauerei, und nach seinem Umzug nach Mailand fand er im Kunsthändler Alberto Grubicy einen seiner wichtigsten Förderer. Von 1909 bis 1914 lebte Andreotti in Paris, und in seinen Werken aus dieser Zeit spürt man die Einflüsse von Rodin, Bourdelle und Minne. Nach Florenz zurückgekehrt, lernte er Ugo Ojetti kennen, einen bekannten Intellektuellen und Kunstkritiker, der Andreotti in seinen Bann zog. 1921 organisierte Ojetti für Andreotti in der Kunstgalerie *Galleria Pesaro* in Mailand seine erste Werkschau. In dieser Zeit näherte sich der Künstler der Stilrichtung der sog. „Rückkehr zur Ordnung" an, in der Ojetti federführend war. Andreottis Plastiken aus dieser Phase sind Ausdruck eines monumentalen Klassizismus, in dem aber auch ein sehr starker, persönlicher Glaube spürbar wird.

Das erste Projekt für das Siegesdenkmal entwarfen Andreotti und Piacentini gemeinsam. Es sah eine große zentrale Fläche vor, deren Seitenwände mit Basreliefs mit Kampfszenen und Soldaten geschmückt waren. In den vier Ecken sollten die vier Statuen der *Kardinaltugenden*[4] stehen. Dieser erste Entwurf wurde mehrmals überarbeitet. Heute steht eine große Bronzestatue des auferstandenen Christus im Zentrum, an der Rückseite der Steinplatte ein Basrelief mit der Siegesgöttin, die dem sterbenden Soldaten beisteht und ihn in den Himmel geleitet. Die Änderungen am ursprünglichen Projekt gehen wahrscheinlich auf Piacentini zurück. Sie wurden notwendig, um genügend Platz für die drei großen Büsten von Adolfo Wildt zu schaffen, die für die Plattform in der Mitte des Siegesdenkmals vorgesehen waren. Andreotti war mit diesen Änderungen nicht glücklich und fühlte sich missverstanden. Er und Wildt stellen sich als durchaus konträre Persönlichkeiten dar, auch in künstlerischer

BZ '18–'45: Siegesdenkmal, Adolfo Wildts Büst
von Cesare Battisti, Detail

[4] *Die Zeichnungen, Modelle und Entwürfe werden in der Pinakothek „Libero Andreotti" in Pescia aufbewahrt.*

Hinsicht. So äußerte sich Andreotti abfällig über die Arbeiten Wildts, dessen drei Hermen er als *„drei Holzköpfe, die aus Buttercreme gemacht sind“*[5], apostrophierte.
Andreottis Christus-Statue aus Bronze besticht durch ihre expressive Qualität. An der Körperoberfläche spiegelt sich der Wandel des Lichts im Laufe des Tages. Der Gesichtsausdruck ist intensiv, ohne Rhethorik, Überheblichkeit oder Siegespathos. Auch das Basrelief an der Rückseite setzt nicht so sehr auf die Glorifizierung des Soldaten, der für das Vaterland stirbt, sondern ist vielmehr Ausdruck menschlicher Anteilnahme am Kriegsgeschehen.

ADOLFO WILDT (MAILAND 1868–1931)

Die Hermen

Adolfo Wildt gehörte zu den bedeutendsten Bildhauern seiner Generation. Er besuchte die Kunstgewerbeschule der Mailänder *Brera* und arbeitete von 1893 bis 1912 für den preußischen Sammler Franz Rose. Laut Vertrag bekam er eine jährliche Gage von 4000 Lire und war verpflichtet, das erste Exemplar eines jeden Werkes an Rose abzuliefern. Durch Franz Rose kam er in engen Kontakt mit der österreichisch-deutschen Sezession, die seine künstlerische Entwicklung stark beeinflusste. Als begabter Marmorbearbeiter vertrat Wildt einen mystischen Expressionismus und machte vor allem mit Portraitplastiken und Grabdenkmälern auf sich aufmerksam. 1925 trat er der Bewegung des *Novecento italiano* bei. 1929 ernannte ihn Mussolini zu einem der ersten Mitglieder der faschistischen *Accademia d'Italia*.
Für das Siegesdenkmal schuf Wildt drei große *Hermen in der Mitte des Denkmals*[6]. Die Hermen sind den drei „Märtyrern“ des Irredentismus gewidmet. An der Südseite stehen die Büsten von Fabio Filzi und Damiano Chiesa. Fabio Filzi (1884–1916) war Rechtsanwalt und Irredentist. Er desertierte aus dem österreichischen Heer, um im Ersten Weltkrieg auf italienischer Seite zu kämpfen. Er wurde mit Cesare Battisti am 10. Juli 1916 gefangen genommen, wegen Hochverrats zum Tod verurteilt und zwei Tage darauf gehängt. Damiano Chiesa (1894–1916) war Student des Ingenieurwesens, verweigerte den österreichischen Stellungsbefehl und meldete sich unter

[5] *„(...) tre stupide teste di turco che saranno eseguite in finto burro margarinato“: Brief vom 17. November 1926 an Aldo Carpi, Andreotti-Archiv Pescia.*
[6] *Hermen sind viereckige Pfeilerbüsten unterschiedlicher Höhe. In der klassischen Antike wurden solche erhöhten Kopfplastiken an Wegkreuzungen, Grenzen und Toren errichtet, um den Schutz des Hermes, des Gottes der Reisenden, zu erflehen.*

dem Pseudonym Mario Angelotti zum italienischen Heer. Am 17. Mai 1916 wurde er von den Österreichern in der Val Lagarina gefangen genommen und kurz darauf erschossen.
Die gesamte Nische an der Nordseite ist der Herme von Cesare Battisti vorbehalten. Ursprünglich sollte das Siegesdenkmal – so Mussolinis Ansinnen – Cesare Battisti gewidmet werden. Battisti (1875–1916) war Journalist, Geograph und sozialistischer Abgeordneter im Wiener Reichsrat. Er war ein leidenschaftlicher Vertreter des Trentiner Irredentismus. Bei Kriegsausbruch setzte er sich nach Italien ab und rückte später zu einem Alpiniregiment ein. Im Juli 1916 wurde er zusammen mit Filzi bei einem Gefecht am Monte Corno von den österreichischen Truppen gefangen genommen, vor Gericht gestellt und zum Tod durch den Strang verurteilt.
Ein besonderes Merkmal der monumentalen Plastiken von Wildt sind die großen, leeren Augenhöhlen und die voluminösen, lockigen Haare. Dadurch entsteht der Effekt einer Konzentration auf das Wesentliche, gleichzeitig verleihen diese abstrakten Elemente den Büsten erhöhte symbolische Wirkung. An Battistis Büste sind noch die Folgen eines Vandalenaktes sichtbar. In den Tagen nach dem 8. September 1943, der Besetzung Südtirols und Norditaliens durch die Wehrmacht, wurde die Büste vom Sockel gerissen und schwer beschädigt. Damals wurde auch die Urne aus Nussholz aus der Krypta entfernt, in der *„die heilige Erde des Ortes aufbewahrt wurde, an dem Battisti den Märtyrertod starb“*[7].

PIETRO CANONICA (MONCALIERI 1869–ROM 1959)

Die Medaillons

Pietro Canonica war ein traditionalistischer Bildhauer mit großer handwerklicher Begabung. Er gehörte zum regimenahen Kreis um Ugo Ojetti. Nach der Ausbildung an der *Accademia Albertina* in Turin stellte er in den wichtigsten europäischen Hauptstädten aus.
1929 wurde er zum Mitglied der faschistischen *Accademia d'Italia* ernannt. Canonica trat vor allem mit Portraits des europäischen Adels hervor, er schuf aber auch Großdenkmäler, u. a. für die Gefallenen des Ersten Weltkriegs.
Für den Westgiebel des Siegesdenkmals entwarf Canonica ursprünglich ein Panoramafries mit der Darstellung des marschierenden italienischen Heeres. Piacentini verwarf jedoch Canonicas Vorschlag und verpflichtete den Künstler, drei Medaillons von

[7] *„(...) la terra sacra dove Cesare Battisti cadde dal suo patibolo“, in: G. Cucchetti, Il nostro Monumento, in: Rivista della Venezia Tridentina 1928, Nr. 8, S. 14–15.*

BZ '18–'45: Siegesdenkmal, Detail des Westgiebels mit Pietro Canonicas drei Medaillons: Ikarus erforscht den Adlerflug, Siegreiches Italien, Prometheus

1,20 m Durchmesser zu schaffen. Sie stellen *Ikarus bei der Erforschung des Adlerflugs*, *Das siegreiche Italien* und *Prometheus* dar. Mit Ikarus und Prometheus griff Canonica auf zwei zentrale mythologische Gestalten der Antike zurück, die er auch bei einem Denkmal in Turin (*Monumento all'Artiglieria*, 1922–1930) verwendete. Die Motivwahl erklärt sich wahrscheinlich damit, dass sowohl Ikarus als auch Prometheus Grenzen überschritten und dies mit ihrem Leben bezahlten. Damit konnten sie als Sinnbilder für den revolutionären Charakter der Frühphase des Faschismus funktionalisiert werden.
Den Kritikern missfielen die Reliefs trotz der handwerklichen Meisterschaft des Künstlers. Roberto Papini bezeichnete sie als *„drei alte Modelle für missglückte Münzen, in denen im Durcheinander einer unverständlichen Symbolik nicht einmal die Proportionen der Figuren stimmen."* [8] Canonicas Medaillons weichen stilistisch von den anderen bildhauerischen Elementen am Siegesdenkmal ab. Sie sind erzählende Darstellungen mit vielen Details, bezeichnend für die Kunst des 19. Jahrhunderts, in der Canonica, zugleich der älteste der am Siegesdenkmal tätigen Künstler, noch tief verwurzelt war. Die Arbeiten von Dazzi, Andreotti, Wildt und Prini hingegen variieren stilistisch zwar, sind aber doch stärker konzeptionelle Darstellungen und als solche typischer für den Zeitgeist.

[8] *„(T)re vecchi modelli per monete non riuscite nei quali neppure la proporzione delle figure è rispettata fra la confusione dei significati non decifrabili".* In: R. Papini. Alla Vittoria riconsacrata, in: L'Illustrazione italiana 55, Tl. II, Nr. 30, S. 55–61.

BZ '18–'45: Siegesdenkmal, einer der acht behelmten Soldatenköpfe von Giovanni Prini am unteren Giebelfries

GIOVANNI PRINI (GENUA 1877–ROM 1958)

Die Protomen

Giovanni Prini besuchte die *Accademia Ligustica* in Genua und zog anschließend nach Rom. Er verkehrte mit den Künstlern Giacomo Balla, Duilio Cambellotti und Gino Severini.

Seine Plastiken sind raumfüllend, aber mit einer klaren Linienführung. In den Jahren bis zum Ersten Weltkrieg beschäftigte sich Prini verstärkt mit dem Jugendstil und stellte in einigen Ausstellungen in Rom aus.

Nach Kriegsende begann seine Zusammenarbeit mit Piacentini. Er wirkte am Gerichtsgebäude in Messina (1923–1928), am Triumphbogen von Genua (1924–1931) und schließlich am Bozener Siegesdenkmal mit. Hierfür schuf er die eleganten Tierköpfe (Adler, Löwe, Wolf) an den Liktorensäulen sowie die acht behelmten Soldatenköpfe, von denen jeder individuell gestaltet ist. Prini wurde als letzter der vier Bildhauer in das Projekt eingebunden.

> Briefkonzept von Guido Cadorin mit Anmerkungen zu den allegorischen Figuren der Kryptafresken, gerichtet an Marcello Piacentini, 1928

22 - III - 1928

Caro Marcello

Ti rispondo per lettera perchè è un po' difficile telefonare.

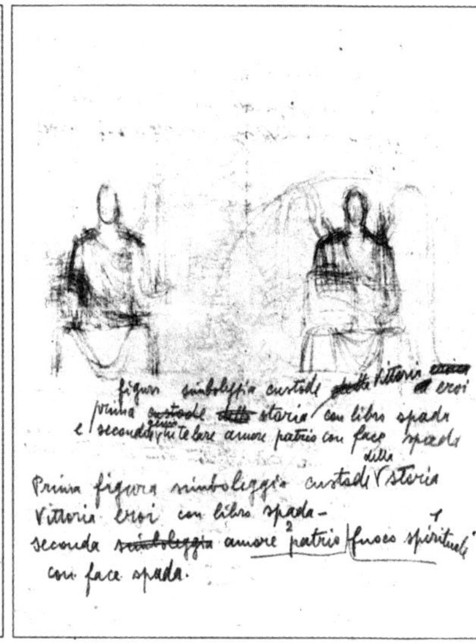

Prima figura simboleggia custode storia vittoria eroi con libro spada - seconda simboleggia amore patrio fuoco spirituale con face spada.

GUIDO CADORIN (VENEDIG 1892–1976)

Die Fresken in der Krypta

Der dem Jugendstil nahestehende venezianische Maler nahm an mehreren Biennalen von Venedig teil. Cadorin wurde von der sog. „Rückkehr zur Ordnung" der 1920er Jahre beeinflusst, die auf die Kunst des 15. Jahrhunderts zurückgriff. 1924 freskierte er für den Dichter Gabriele d'Annunzio mehrere Räume des *Vittoriale*. Cadorin ist der einzige Maler, der an der Gestaltung des Siegesdenkmals mitwirkte. Für die Krypta schuf er zwei monumentale allegorische Figuren – Die *Wächterin des Vaterlandes* an der Stirnwand rechts vom Eingang und Die *Wächterin der Geschichte* an der Linksseite.

Die Wächterin des Vaterlandes ist eine Frauenfigur mit einem Schwert in der rechten und einer Fackel in der linken Hand. Für den Künstler verkörperte die Gestalt „den Genius, der über das geistige Feuer der Nation, die Vaterlandsliebe, wacht."[9] *Die Wächterin der Geschichte* ist eine Frauengestalt mit entblößter Brust, die ein Schwert mit der rechten und ein Buch mit der linken Hand hält. Das Zitat „die Reste eines der mächtigsten Heere ..."[10], aus dem Siegesbulletin, mit dem der italienische General Armando Diaz das Ende des Ersten Weltkriegs bekanntgab. Für Cadorin verkörperte die Figur „den Sieg oder den Ruhm – bzw. einen Schutzgeist samt Buch, in dem die Früchte des Kriegs und des Siegs dauerhaft verzeichnet sind"[11].

Das Gewölbe der Krypta ist verputzt und getüncht und mit Inschriften am Beginn des Gewölbebogens versehen (s. *Inschriften*). Der Boden ist mit Platten aus Botticino-Marmor ausgelegt, die Wände sind bis auf halbe Höhe mit Porphyrplatten verkleidet.

[9] „(...) il genio custode del fuoco spirituale della nazione, l'amore della patria", in: Brief von Guido Cadorin an Piacentini vom 22. März 1928, Archivio Cadorin, Venedig.

[10] „I resti di quello che fu uno dei più potenti eserciti del mondo ...", in: s.o.

[11] „(...) una vittoria o fama – o genio tutelare – che tiene appunto un libro dove sono eternati i frutti della guerra e della vittoria", in: s.o.

SETTIMANA
DELL'ALTO ADIGE
RIDUZIONI FERROVIARIE DEL 70%
BOLZANO 22-31 OTTOBRE XI
ESPOSIZIONE NAZIONALE
dell' ALTO ADIGE
BOLZANO
BENITO MUSSOLINI
ICON OF THE "NEW ORDER"
KULTUR
M FASCHISMUS

Dokumentations-Ausstellung BZ '18–'45, äußerer Rundgang, Raum 8: Sinnbild der „neuen Ordnung"

DAS SIEGESDENKMAL IN DER KUNST UND IN DER TOURISMUSWERBUNG (1928–1945)

Vom Moment seiner Fertigstellung bis zum Ende des Zweiten Weltkriegs war das Siegesdenkmal eines der bekanntesten Wahrzeichen Bozens. Das Denkmal erschien als Lichtbildmotiv oder in grafischer Bearbeitung häufig in der Tourismuswerbung. Es wurde auch in Zeitschriften und anderen Publikationen des Faschismus abgebildet, so auf Einladungskarten oder Plakaten verschiedenster öffentlicher Ereignisse wie etwa der *Esposizione Nazionale dell'Alto Adige* (Nationalausstellung des Hochetsch) im Jahr 1929 oder der *Settimana dell'Alto Adige* (Etschländer Woche) von 1933. Es wurden sogar Erinnerungsmedaillen geprägt.

Neben traditionellen Motiven wie dem Waltherplatz, der Pfarrkirche, Schloss Runkelstein und Schloss Maretsch rückte das Siegesdenkmal bald zu einer neuen städtischen Ikone auf.

Auf den toskanischen Künstler Uberto Bonetti (1909–1993), einen Freund Arturo Dazzis und Bewunderer Libero Andreottis, übten vor allem das Siegesdenkmal, aber auch die anderen Gebäude des „italienischen Bozens", wie das Oberste Armeekommando, das Parteigebäude (*Casa Littoria*) und die Neubauzonen, eine starke Faszination aus. Bonetti war ein Vertreter der zweiten Welle des Futurismus, des wegen seiner Flugaufnahmen so benannten Aerofuturismus. Wohl auf Initiative des Piloten und faschistischen Ministers Italo Balbo wurde der Künstler angewiesen, eine Serie von Vogelperspektiven Italiens zu gestalten. Aus diesem Grund hielt er sich 1934 und 1936 auch in Bozen auf, wo er zahlreiche Skizzen des Denkmals und seiner Skulpturen anfertigte. Er verwendete sie dazu, Luftbildkompositionen zu schaffen, in denen die Abbildungen zunächst zerlegt und dann wieder zusammengesetzt und übereinandergelegt wurden, um dynamische Effekte zu erzielen.

> Plakat zur „Ersten Nationalausstellung des Hochetsch", August–September 1929

> Bozener „Flugansicht“ von Uberto Bonetti, um 1934–1936

< Die „Etschländer Woche“ im Oktober 1933, Plakat von Anton Hofer

< Propagandapostkarte des Carabinieri-Verbandes von Bozen, nach 1935

MONUMENT
EIN SCHWIE
BEZIEHUNGS

UND STADT
IGES
VERHÄLTNIS

HANNES OBERMAIR

> Das Denkmal Walthers von der Vogelweide nach seiner 1935 erzwungenen Verlegung in den Rosegger-Park, Aufnahme der 1940er Jahre

Wie die allermeisten Denkmäler ist auch das Siegesdenkmal in den Intentionen seiner Erbauer gleichsam für die Ewigkeit errichtet. Daher ist die Aneignung der auf uns überkommenen, nach Kriegsende und Befreiung nicht geschleiften faschistischen Architektur ein immerwährender Prüfstein für die republikanisch-demokratische Gesellschaftsordnung.

Fast wie in einem Lehrstück können mehrere Phasen des Umgangs mit dem ererbten Monument festgemacht werden. Hat sich auch das totalitäre Geschichtsbild, das das Monument machtvoll transportiert, historisch 1945 auf endgültige Weise erledigt, so blieb doch das Bauwerk nach der Befreiung von Faschismus und Nationalsozialismus wie ein nicht verräumter Findling der Geschichte übrig. In den Jahrzehnten der Nachkriegszeit ist es dann zu einer – lange Zeit übergroßen – Hypothek für Südtirols Gesellschaft aufgerückt. Es hat heftigen Streit hervorgerufen, Attentatsversuche überstanden, die Bühne ebenso für Protestmärsche wie für apologetische Inszenierungen abgegeben. Dümmlicher bis abgebrühter Unbefangenheit im Umgang mit dem Denkmal stand aber stets auch der reflexive Versuch gegenüber, die kalten Steine als geschichtliche Ressource zu nutzen, um das „Prinzip Faschismus" zu erklären und das Monument gleichsam als Kronzeugen gegen sich selbst auftreten zu lassen.

Die Dokumentations-Ausstellung *BZ '18–'45* zeigt die wesentlichen Etappen der zeitbedingten Interpretationen und (Miss-)Verständnisse rund um das Bozener Siegesdenkmal auf.

„DAMNATIO MEMORIAE" UND DENKMALSUBSTITUTION

Der Denkmalbau begann im Geiste der Zerstörung des Überkommenen. Der Abriss des unfertigen Kaiserjägerdenkmals sollte auch die österreichisch-tirolische Erinnerungskultur tilgen (vgl. S. 83). Dass dessen Steine als Unterbau des neuen Denkmals dienten, unterstrich noch die Geste der bewussten Demütigung des ehemaligen Kriegsgegners. Die kompromisslose Maßnahme war aber auch ein klares Zeichen für die neuen Untertanen, dass jegliches nicht-italienisches Gedenken aus dem öffentlichen Raum verbannt werden sollte und bestenfalls im privaten Bereich gepflegt werden konnte.

Die demonstrative Auslöschung des vorgängigen Andenkens setzte sich in anderen Denkmalsubstitutionen wie der Entfernung des Waltherdenkmals (vgl. S. 83), aber auch in der Tilgung von Inschriften und der sprachlich-kulturellen Italianisierung des Stadtbildes fort. Parallel hierzu wurden Traditionen konstruiert, indem man insbesondere auf altrömische und venetianische Symbolik, etwa mit der römischen Wölfin und dem Markuslöwen als Herrschaftszeichen, zurückgriff.

FLURBEREINIGUNG, ZIVILCOURAGE UND DENUNZIATION

Der Bau des Siegesdenkmals zog erhebliche Eingriffe in das bestehende Landschaftsgefüge nach sich. Die Grünfläche des bisherigen Talferparks wurde vollständig eingeebnet, um das abgetreppte Fundament des Denkmals zu errichten. Massive Betonmauern wurden gegossen, um das Gewicht des geplanten Baus zu tragen. Die damals noch überwiegend deutschsprachige Bevölkerung Bozens und von Gries, welches erst Ende 1925 mittels Regierungsdekret nach Bozen eingemeindet worden war, empfand den Denkmalbau als bewussten Affront des Regimes – das Denkmalareal überschrieb gleichsam ein liebgewonnenes Gelände und suchte zudem mit der Abtragung der Kaiserjäger-Gedenkstätte die österreichisch-tirolische Erinnerung an den Krieg zu beseitigen. Auf Initiative des Rechtsanwaltes Anton Kinsele unterschrieben 348 couragierte BürgerInnen aus ganz Bozen im Frühjahr 1926 eine Petition gegen den Denkmalbau; ihre Namen wurden umgehend der Präfektur gemeldet. Eine gleichzeitige örtliche Spendenliste für das Denkmal kam dagegen über rund 40 Namen nicht hinaus.

DIE „SCHÖNE NEUE WELT“ AN DER TALFER

Das Siegesdenkmal war von Anfang an als stadtraumprägendes Bauwerk konzipiert (vgl. S. 56). Am Scharnier des alten und des geplanten neuen Bozens gelegen, griff es der kommenden Stadtentwicklung vor und bildete den markanten Ausgangspunkt für die weitere Expansion des vom Regime gewollten *„Grande Bolzano“*.
Strahlenförmig sollten vom Denkmal aus die neuen Achsen des von Mussolini als 100.000-Einwohnerstadt imaginierten Großbozens ausgehen. Um dieses ehrgeizige Ziel zu erreichen, war eine bis 1934/35 andauernde „Flurbereinigung“ nötig. Die teils landwirtschaftlich, teils als Wohngegend genutzten Gründe rund um das Denkmalareal wurden nach und nach abgelöst bzw. enteignet, um ab 1936 den rückwärtigen Siegesplatz zu errichten. Durch eine deutliche Verengung des Talferbetts sollte vor dem Denkmal eine weite Fläche entstehen, um neue Funktionsbauten wie den Sitz der Provinzialverwaltung und ein neues Rathaus aufzunehmen. Auch die Talferbrücke von 1900, ein imposanter Ingenieursbau des Wiener Unternehmens Waagner-Biro, hätte einem neuen Brückenbau – einem ausladenden Ponte Claudio – weichen sollen.
Piacentinis Bebauungsplan der Stadt Bozen von 1937 sah auch weitreichende Eingriffe im Altstadtbereich vor. Ihm zufolge hätte auch die gesamte Nordzeile der Bozener Lauben abgerissen werden sollen; alle noch österreichisch-mitteleuropäisch anmutenden Ansichtsseiten im Stadtgebiet wären im rationalistischen Stil umgebaut worden. Nur die Kriegsereignisse bzw. der Sturz des Faschismus verhinderten diese radikale Umgestaltung des Stadtraums.

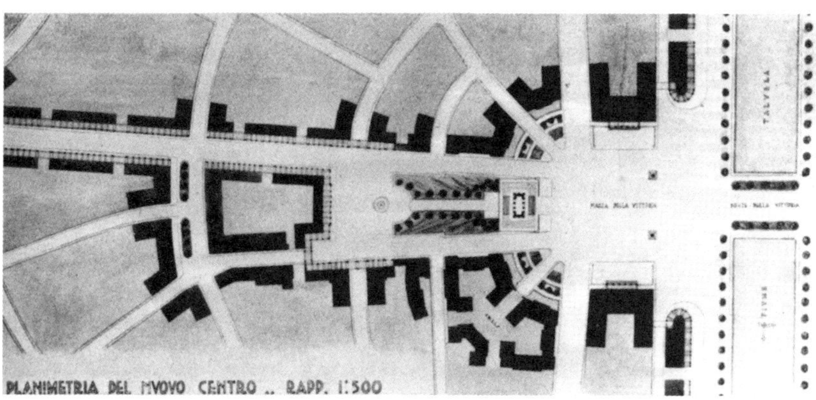

< Das Areal des Siegesplatzes auf dem Bauleitplan von Marcello Piacentini, 1934

< Sondernummer der „Rivista della Venezia Tridentina" zur Denkmaleinweihung, 12. Juli 1928

„ARCHITEKTONISCHES SYMBOL FASCHISTISCHEN GEISTES" UND SINNBILD DER „NEUEN ORDNUNG"

Nach seiner Einweihung am 12. Juli 1928 wurde das Denkmal von Südtirols Bevölkerung ganz unterschiedlich wahrgenommen. Die Einweihungsfeier war dramaturgisch sorgfältig inszeniert (vgl. S. 91). Auf regionaler wie nationaler Ebene wurde der Eindruck einhelliger Zustimmung vermittelt. Tatsächlich gab es jedoch eine komplexe Mischung aus Beifall und Zurückhaltung, Kritik und stillem Protest. Für den Architekten Marcello Piacentini selbst war das Denkmal hingegen nichts weniger als das „architektonische Symbol faschistischen Geistes".

Gedenkmedaille des lokalen Kriegsteilnehmerverbandes anlässlich der Denkmaleinweihung, 1928

Vom Augenblick seiner Fertigstellung an bis zur Endphase des Zweiten Weltkriegs rückte das Siegesdenkmal zu einem der bekanntesten Wahrzeichen Bozens auf. Es findet sich auf Gemälden, Postkarten und Erinnerungsmedaillen, in Reiseführern und Werbeschaltungen sowie auf Plakaten für Kunstausstellungen, Feste, Wettrennen und Umzüge.

Neben traditionellen Motiven wie dem Waltherplatz, der Pfarrkirche oder etwa den Burgen Runkelstein und Maretsch rückte das Siegesdenkmal rasch zu einer neuen städtischen Ikone auf. Zugleich stand es für den Behauptungswunsch des neuen faschistischen Italiens gegenüber dem Ausland, sich als neue europäische Großmacht zu positionieren. Der im Denkmal programmatisch verkündete Zivilisationsauftrag auf den Feldern Sprache, Recht und Kunst (*lingua, legibus, artibus*) diente auch als Selbstermächtigung für die imperial-kolonisatorischen Bestrebungen des Regimes im Inneren und nach außen.

Feier zur Einweihung der „römischen Säule", 5. Juni 1938

BÜHNENBILDER

Das Siegesdenkmal wurde rasch zur effektvollen Bühne für zahlreiche öffentliche Versammlungen, politische Kundgebungen und Feiern. Das Monument wurde daher von den italienischen Kriegsveteranenverbänden, den faschistischen Kadern sowie Partei- und Jugendorganisationen sofort ins Herz geschlossen. Die militärischen Formationen des Regimes, die in Reih und Glied vor dem Denkmal „an den Grenzen des Vaterlands" aufmarschierten, sollten auch gegenüber dem Ausland Stärke und Geschlossenheit demonstrieren.
Die faschistischen Kriegszüge in Afrika und in Spanien und die Ausrufung des Kaiserreichs im Mai 1936 erlaubten es dem Regime, das Siegesdenkmal nicht mehr nur als Erinnerungsort des vergangenen Sieges aufzufassen. Es wurde zusehends zu einem Ort, an dem der neue faschistische Stolz inszeniert werden konnte. Im monumentalen „Heiligtum" des Faschismus verschmolz die Erinnerung an die „Märtyrer" des Ersten Weltkriegs mit dem Gedenken an die für das neue Imperium Gefallenen, in einer Art fließenden Übergangs nationaler Aufwallung.

„FÜR DIE GRÖSSE DES VATERLANDES“

Bereits im März 1928 wurde das noch nicht fertig gestellte Siegesdenkmal zur Bühne einer Gedächtnisfeier. Diese galt Sigfrido (Siegfried) Wackernell, einem Meraner Unterleutnant, der am 25. Februar 1928 in der Cyrenaika während der faschistischen Rückeroberung Libyens gefallen war. Ein beeindruckender Trauerzug begleitete die sterblichen Überreste Wackernells vom Bahnhof bis zum Siegesdenkmal. Hier fand eine politisch-religiöse Zeremonie für den Südtiroler statt, der „für die Größe des Vaterlandes“ gefallen sei. Noch vor seiner Fertigstellung war das Denkmal somit für den Faschismus zum wichtigsten Inszenierungsort seiner politisch-religiösen Ideologie geworden.

Zehn Jahre später, am 5. Juni 1938, wurde auf dem Platz hinter dem Denkmal eine von der römischen Klassik inspirierte Säule eingeweiht, die ostentativ den 32 in Afrika und in Spanien gefallenen Südtirolern (*agli Atesini caduti per l'Impero*) gewidmet war. Nicht wenige davon hatten der deutschsprachigen Bevölkerung des Landes angehört. Dies nahm das Regime zum willkommenen Vorwand, seine imperialistischen Kriegszüge als endgültige Eingliederung der Südtiroler Minderheit in das nationale Staatsgefüge darzustellen. Dabei unterschlug es freilich die Tatsache, dass sich viele Südtiroler der ungeliebten Einberufung zum italienischen Heer entzogen hatten.

< Plakat anlässlich der Enthüllung der „römischen Säule“ für die Südtiroler Gefallenen in Afrika und Spanien, 5. Juni 1938

DREHSCHEIBE UND EINGANGSTOR DER FASCHISTISCHEN STADT

Das Siegesdenkmal bildete für das faschistische Regime den Ausgangs- und Fluchtpunkt, um das Bozener Stadtbild neu zu gestalten und auf durchaus ambivalente Weise zu modernisieren. Ein Jahrzehnt der Stadtplanung (diese war teilweise von Piacentini selbst entworfen worden) und die Disposition der neuen Gebäude und Verkehrsachsen hatten das Denkmal zur Drehscheibe des „Neuen Bozens“ gemacht. Im Lauf der 1930er Jahre entwickelte sich das Siegesdenkmal mehr und mehr zum Zugangstor des neuen italienischen Bozens. Darauf hatten bereits die Pläne Marcello Piacentinis abgezielt. Das Denkmal wurde neben seiner politisch-zeremoniellen Bedeutung immer stärker zum stadträumlichen Dreh- und Angelpunkt der neuen Stadt jenseits der Talfer.

Die von Piacentini 1934 vorgelegte Stadtplanung schrieb das Denkmal in ein Netz symmetrisch angelegter Räume ein, die sich auf den als *Foro della Vittoria* (Siegesforum) bezeichneten Platz vor dem Denkmal bezogen. Von dort aus sollte sich das symmetrische Hauptstraßennetz des neuen Stadtviertels entfalten. So spiegelten etwa das 1935 gebaute Armeekommando und seine Zufahrtsstraße die schon 1927 errichtete INCIS-Wohnanlage architektonisch wider.

Faschistische und nationalsozialistische Parteifunktionäre treffen einander am Siegesdenkmal zum 10. Jahrestag des „Marschs auf Rom“, 28. Oktober 1932

> Ein deutscher Panzer vor dem durch Beschuss beschädigten Armeekommando, 9. September 1943

DER HÄNDEDRUCK DER BEIDEN FASCHISMEN

Am 28. Oktober 1932 wurde auch in Bozen der zehnten Wiederkehr des faschistischen Marsches auf Rom gedacht. Die Feierlichkeiten wurden wie selbstverständlich am Siegesdenkmal abgehalten.
Die offizielle Berichterstattung sprach von über 10.000 Personen, die sich beim Denkmal eingefunden hätten. Besonderes Aufsehen erregte eine Abordnung der NSDAP, die der faschistischen „Revolution" ihre Huldigung erwies. Angeführt war sie vom SS-Oberführer Theodor Eicke, der bald darauf erster Kommandant des Konzentrationslagers Dachau werden sollte.
Teile der Tiroler und österreichischen Presse reagierten heftig auf diese Verbrüderung und warfen den Nationalsozialisten vor, die wahre Bedeutung des Denkmals nicht zur Kenntnis nehmen zu wollen. Hier trat wohl zum ersten Mal, noch vor Hitlers Machtübernahme, ein unüberbrückbarer Gegensatz überdeutlich hervor: Die „naturwüchsige" Verbrüderung der beiden Faschismen kontrastierte scharf mit der von Teilen der Südtiroler Bevölkerung gehegten, wenngleich aberwitzigen Hoffnung, dass sich der Nationalsozialismus als Schutzmacht der deutschsprachigen Minderheit erweisen würde.

Wehrmacht und Südtiroler Ordungsdienst führen italienische Heeresangehörige in die deutsche Gefangenschaft, 9. September 1943

NS-BESATZUNG UND DENKMALBESCHÄDIGUNGEN

Während der nationalsozialistischen Besatzung wurde das Siegesdenkmal zum Ziel politisch motivierter Zerstörungsakte und Plünderungen. Anfang September 1943 nahmen NS-Sympathisanten die Büsten der drei Trentiner „Märtyrer" ins Visier, die dabei erheblich in Mitleidenschaft gezogen wurden. Man brach in die Krypta ein, stahl die Messinglampen und sonstiges Inventar, benutzte den Raum als Zufluchtsort und Mülldeponie. Rauch hatte die Wände derart geschwärzt, dass die Fresken von Guido Cadorin kaum mehr zu erkennen waren. Außerdem wurden auch die bleiernen Regenrinnen abgenommen, wobei man die Marmorfassaden beschädigte, und als Altmetall verkauft.

DEUTSCH-SÜDTIROL
LA RIVISTA
VENEZIA
TRIDENTINA
STAGE SET 1

Dokumentations-Ausstellung BZ '18–'45, äußerer Rundgang, Raum 10: Bühnenbilder

Antijugoslawische Kundgebung auf den Stufen des Siegesdenkmals, 1953

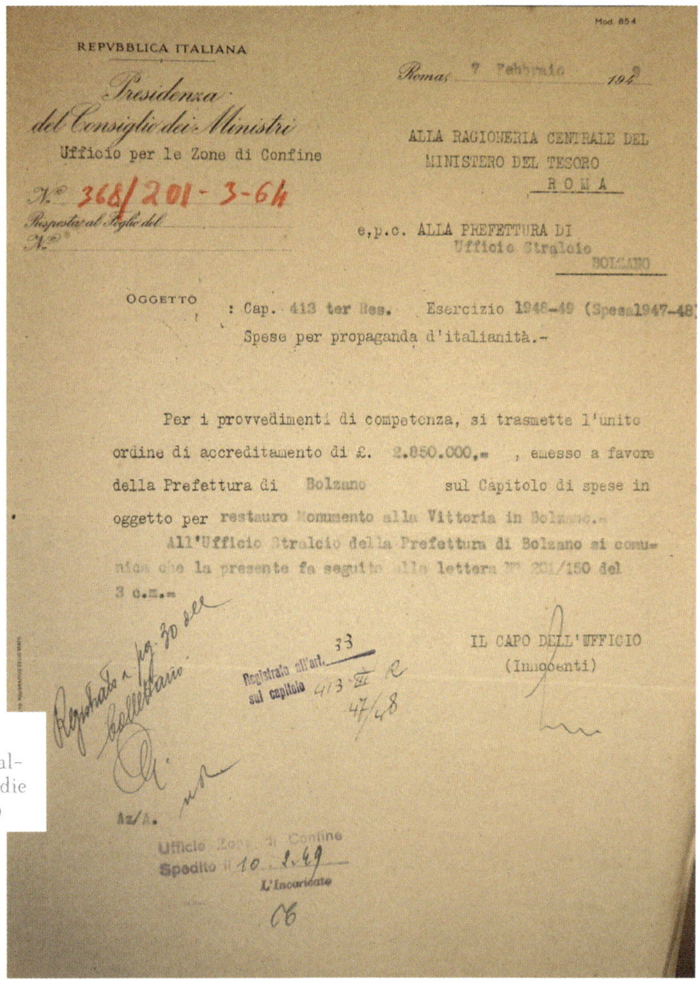

Mod. 854

REPVBBLICA ITALIANA

Presidenza del Consiglio dei Ministri
Ufficio per le Zone di Confine

N. 368/201-3-64
Risposta al Foglio del
N.

Roma, 7 Febbraio 194

ALLA RAGIONERIA CENTRALE DEL MINISTERO DEL TESORO
ROMA

e,p.c. ALLA PREFETTURA DI
Ufficio Stralcio
BOLZANO

OGGETTO : Cap. 413 ter Res. Esercizio 1948-49 (Spese 1947-48)
Spese per propaganda d'italianità.-

Per i provvedimenti di competenza, si trasmette l'unito ordine di accreditamento di £. 2.850.000,= , emesso a favore della Prefettura di Bolzano sul Capitolo di spese in oggetto per restauro Monumento alla Vittoria in Bolzano.-

All'Ufficio Stralcio della Prefettura di Bolzano si comunica che la presente fa seguito alla lettera N° 201/150 del 3 c.m.=

IL CAPO DELL'UFFICIO
(Innocenti)

Registrato all'art. 33
sul capitolo 413-ter R 47/48

Az/A.

Ufficio Zone di Confine
Spedito il 10.2.49
L'Incaricato

Die italienische Regierung finanziert die erste Denkmalsanierung aus „Mitteln für die Italianität", 7. Februar 1949

Miltärischer Belagerungszustand ein Jahr nach der „Feuernacht“, 14. Juni 1962

SANIERUNGEN, KONTROVERSEN, AUFMÄRSCHE

Die Verwüstungen des Zweiten Weltkriegs, insbesondere durch die zwischen 1943 und 1945 erfolgten Bombardements, ließen Mussolinis „Neues Bozen“ weitgehend intakt, so auch das Siegesdenkmal. Hier hatten vor allem Wassereinbrüche den Zustand der Krypta verschlimmert; hinzu kamen die Schäden an den Büsten Battistis, Filzis und Chiesas. Im Frühjahr 1946 riefen italienische Veteranenverbände zu Spenden für notdürftige Reparaturen auf. Auf Antrag stellte die römische Regierung umfassende Geldmittel „für die Festigung der Italianität“ bereit. Unter diesen Vorzeichen wurde eine umfassende Restaurierung in mehreren Schritten in Angriff genommen, dem Denkmal aber erneut eine vordemokratische und nationalpolitische Hypothek auferlegt.

In den folgenden Jahrzehnten wurden am Denkmal, vor allem anlässlich der italienischen Siegesfeiern am 4. November, militärische Zeremonien und Aufmärsche von Veteranenvereinen veranstaltet, ebenso aber auch die Schleifung des Denkmals gefordert und über seine Inschriften kontrovers diskutiert. Auch kam es zu wiederholten Zusammenstößen zwischen entgegengesetzten Gruppierungen.

ERHALTEN ODER SCHLEIFEN?

Nach Kriegsende blieb das Siegesdenkmal im Brennpunkt der Spannungen zwischen Altfaschisten und Antifaschisten, zwischen Teilen der deutschen und der italienischen Sprachgruppe, schließlich zwischen den Befürwortern der weiteren Stadtentwicklung und jenen, die einen klaren Bruch mit der faschistischen Architektur forderten.

Anlass für Konflikte gibt das Denkmal bis in die heutigen Tage – die Hintergründe hierzu haben sich über die Jahrzehnte allerdings stark verändert.

An der Debatte um die Umbenennung des Ortes in „Friedensplatz“ ist 2011 sogar eine Bozener Stadtregierung zerschellt, nachdem rechte Gruppierungen dazu eine Volksbefragung erzwungen und ein deutliches Votum für die Beibehaltung des alten Namens erwirkt hatten.

ATTENTATSVERSUCHE UND PROTESTMÄRSCHE

Italienischen Rechtsgruppierungen diente das Monument als Wallfahrtsort der „Italianität“ und bisweilen kaum verhohlener Mussolini-Verehrung, während vor allem deutschsprachige Rechtsgruppierungen zum Denkmalsturm aufriefen und den radikalen baulichen Kahlschlag forderten. Der auf Separatismus zielende Südtirolterrorismus kulminierte in der sog. „*Feuernacht*“[1] von 1961. Im Jahr 1978 kam es auch am Denkmal zu einer Bombenexplosion. Dieses wurde nach einem weiteren, diesmal vereitelten Attentatsversuch von 1979 mit einem umlaufenden Zaun abgesperrt und samt seinem Areal gleichsam militarisiert.

Das politische Klima jener Jahre wurde durch Kranzniederlegungen italienischer Rechtsparteien, Abhaltung militärischer Zeremonien am Denkmal und militante Schützenaufmärsche gegen das Denkmal immer wieder neu angeheizt. Neben diesen konträren Instrumentalisierungen kam es aber auch zu ersten Bemühungen, das Denkmal umzuwidmen und umzugestalten, um dem Denkmalbellizismus demokratisch-pazifistische Werte entgegenzuhalten.

Eine der Initiativen hierzu verdankte sich keinem Geringeren als dem Friedensaktivisten und Politiker Alexander Langer.

Schützenkundgebung gegen das Siegesdenkmal, 2008

> Eine militärische Zeremonie am Siegesdenkmal

[1] Mit „Feuernacht“ wird gemeinhin die Nacht vom 11. zum 12. Juni 1961 bezeichnet, als Mitglieder des sogenannten Befreiungsausschusses Südtirol, einer separatistischen Terrororganisation, mehrere Bombenanschläge verübten.

< Straßenschild mit der Umbenennung des Siegesplatzes in Friedensplatz, 2001

Friedensmarsch am Siegesdenkmal, 2001

EINE GEMEINSCHAFT VERSTEHT DAS DENKMAL NEU

Das Siegesdenkmal ist kein reines Zeugnis der Baukunst, sondern eine in ausdrücklich politischer Absicht errichtete Herrschaftsarchitektur, die mehrere Bedeutungsebenen aufweist. Mit der ostentativen Bezugnahme auf die italienischen „Märtyrer" des Ersten Weltkriegs sollten der italienische Gebietsanspruch entlang den neuen Grenzen gefestigt, der „Triumph des Faschismus" verherrlicht und die angebliche Überlegenheit der „lateinischen Zivilisation" herausgestrichen werden. Heute hat das architektonische Relikt der Vergangenheit eine neue Bestimmung erfahren. Nach der erfolgten Restaurierung und Musealisierung des belasteten Monuments wird dessen Geschichte erstmals ausführlicher dargestellt, wozu die für die BesucherInnen zugänglich gemachten Innenräume verwendet werden.
Damit ist ein Ort für die kritische Reflexion und Auseinandersetzung mit der Geschichte Bozens und Südtirols im 20. Jahrhundert entstanden. Ein Denkmal des Faschismus und für den Faschismus ist zum Mahnmal der Gegenwart und ihrer auf den Werten der Partizipation, der Toleranz und der Achtung der Menschenrechte basierenden demokratischen Gesellschaftsordnung geworden.

Dokumentations-Ausstellung BZ '18–'45, äußerer Rundgang, Raum 13: Ein Denkmal für andere Siege?

Piazza della Pace
Friedensplatz
BZ
UMENT TO OTHER VICTORIES?
TION

> Bozener Ansichtskarte der 1970er Jahre mit städtischen Sehenswürdigkeiten

> Titelbild der Zeitschrift „SH" mit ironisierender Denkmalverhüllung, Jänner 2011

Das Siegesdenkmal während der 2011–2014 währenden Restaurierung

EIN DENKMAL FÜR ANDERE SIEGE?

Wie alle Denkmäler, die den historischen Augenblick ihrer Entstehung überdauern, stellt auch das Siegesdenkmal ein unfreiwilliges Mahnmal seiner Zeit dar. Doch sind dem Monument inzwischen auch andere Bedeutungen zugewachsen, die sich von den ursprünglichen Absichten der Erbauer unterscheiden. Die Umgestaltung des Denkmals zu einem öffentlichen Parcours, der der Geschichte Südtirols gewidmet ist, ist ein wichtiger Schritt in der Aufarbeitung einer belasteten Vergangenheit.

Denkmäler erinnern Vergangenes in einer jeweiligen geschichtlichen Gegenwart. Wie diese Gegenwart sich kontinuierlich verändert, so ändern sich auch die Bedeutungsebenen von Monumenten. Manche von ihnen überdauern die Zeiten und begleiten das Gedächtnis einer Stadt, eines Landes und einer Gesellschaft über Jahrhunderte. Andere wiederum werden zerstört oder umgewidmet, ihre Inschriften ergänzt, abgeändert oder getilgt. Manche Denkmäler lassen sich auf diese Weise gleichsam zivilisieren.

In dem Maße, in dem ihre ursprüngliche Bedeutung abhanden kommt, werden sie zusehends als Kunst- oder Bauwerk oder einfach als stadträumliche Wegmarke wahrgenommen. Andere Denkmäler geraten schlicht in Vergessenheit. Einzelne

Der Außenbereich des umgestalteten Siegesdenkmals anlässlich der „Langen Nacht der Museen", 2015

Monumente bleiben umstritten, da sie unablässig Fragen zur Erinnerungskultur, zum Selbstverständnis und zur politischen Kultur einer Gesellschaft aufwerfen.
Das von einer faschistischen Diktatur errichtete Siegesdenkmal ist solch ein unabgeschlossenes Monument geblieben. Damit steht es nicht alleine da, sondern gehört vielmehr zu einer größeren, Epochen übergreifenden Gruppe von Denkmälern, deren Bedeutung höchst umstritten ist.
Dazu rechnen etwa das monumentale Gefallenendenkmal Valle de los Caídos der Franco-Diktatur in Spanien, das bulgarische Heldendenkmal für die Rote Armee aus sowjetischer Zeit, das US-amerikanische Crazy Horse Memorial in South Dakota oder das Monument der afrikanischen Renaissance in Senegal. Debatten und Kontroversen entzünden sich dabei regelmäßig an der Symbolik, an der Gestaltung, an den Standorten oder an den überzogenen Kosten der Bauwerke.
Jeder Denkmalstreit hat seine eigene Geschichte. Im Auf und Ab der Kontroversen treten aber auch tiefer liegende Fragen nach dem Sinn und der Qualität historischen Gedenkens hervor. Sie werden in letzter Instanz nicht mehr von den Schöpfern eines Denkmals oder den PolitkerInnen und den politischen Parteiungen gestellt, sondern kommen von den BürgerInnen selbst. Ein abschließender Raum der Dokumentations-Ausstellung *BZ '18–'45* möchte daher die zivilgesellschaftliche Beteiligung ermöglichen. Am Ende des Rundgangs ist hier ein Ort, an dem auf kritische Weise Gegenwart und Zukunft hinterfragt werden können – lokal, regional und global. Hier, im Bauch des Denkmals, ist auch Platz für die Begegnung verschiedener Generationen, für den zwanglosen Austausch, für die Formulierung neuer Fragen und für den Versuch, Antworten auf diese Fragen zu gewinnen.

DIE RESTAURIE
SIEGESDENKM
TRADITION UN
INNOVATION

RUNG DES
ALS ZWISCHEN

CHIARA MATTEAZZI

> Siegesdenkmal: Bruchstücke der ursprünglichen hölzernen Armleuchter der Krypta, 2012

Im Auftrag der Außenstelle für das Veneto des Ministeriums für Kulturgüter und Tourismus wurde im September 2009 mit der Restaurierung des Siegesdenkmals begonnen. Das Projekt sah die Sanierung und Aufwertung des gesamten Außenbereichs des Denkmals vor. Die unterirdischen Räume und Flächen von ca. 700 m² sollten für Ausstellungszwecke nutzbar und zugänglich gemacht werden.
Das Restaurierungsprojekt zielte vor allem auf die Wiedergewinnung des Bauwerkes in seiner Gesamtheit ab, sowohl seiner architektonisch-dekorativen Elemente als auch der funktionalen Bestandteile, wobei ein besonderes Augenmerk auf die Sicherheit zu legen war.
Das Projekt nahm vor allem die Trockenlegung der unterirdischen Flächen und Räume, der Krypta und des Vorraumes in Angriff. Dadurch wurden auch Instandhaltungseingriffe an der Oberfläche notwendig, insbesondere der mit Steinplatten verkleideten Bereiche, der Böden und der anderen begehbaren Flächen, wie z.B. der Außenstiegen und der Verkleidungen des Siegesdenkmals. In den unterirdischen Räumen des Denkmals, inklusive der Krypta, in dem der neue Ausstellungsparcours geplant war, waren daher verschiedene Eingriffe notwendig, um die Räume in geeigneter Form zu belüften und auszuleuchten und um ganz allgemein ein angenehmes Raumklima zu schaffen.
Der erste Eingriff betraf daher die Abdichtung der Außenstiegen, denn das Eindringen von weiterer Feuchtigkeit sollte so schnell wie möglich unterbunden werden. Die Feuchtigkeit war nämlich bis in die Krypta vorgedrungen und hatte auch Schäden an den Fresken verursacht. In dieser Restaurierungsphase wurde auch der alte Metallzaun entfernt, der zum Schutz des Siegesdenkmals errichtet worden war. Auch die Werksteine und die Granitplatten der Außenstiegen und die Marmorplatten des Stylobates wurden vorübergehend entfernt. Im Anschluss daran konnte der gesamte Bereich der Außenstiegen und des Unterbodens abgedichtet werden. Bei der Neuverlegung der Bodenplatten und der Versiegelung der Fugen wurde darauf geachtet, auf

< Siegesdenkmal: Andreottis Auferstandener Christus vor und nach der Restaurierung

der gesamten Fläche eine leichte Neigung einzurichten, damit das Regenwasser in Zukunft besser abfließen würde.
Die Kunstwerke auf der Plattform in der Mitte des Denkmals wurden restauriert. Die drei Hermen von Adolfo Wildt mit den Marmorsockeln, die Christus-Statue aus Bronze von Libero Andreotti und das bronzene Basrelief an der Rückseite der Steinplatte wurden gesichert, ebenso alle Steinelemente an der Außenfassade des Denkmals gefestigt.
Die Verkleidung der Außenstiege auf der Parkseite wurde geprüft und befestigt. Der Restaurierungseingriff umfasste auch die Stein- und Eisenelemente der Balustrade der Außenstiege an der Rückseite des Denkmals (hier befindet sich der Zugang zur Krypta). Entsprechende Sicherungsmaßnahmen wurden getroffen, um diesen Aufgang für die Besucher und Besucherinnen nutzbar zu machen.
Als letzter Eingriff auf den Außenflächen des Denkmals wurde eine neue Umzäunung aus wetterfestem Cortenstahl angebracht. Der filigrane Zaun wurde an der äußersten Grenzlinie des Denkmals installiert, um die Sichtbarkeit des Bauwerkes insgesamt nicht zu beeinträchtigen.
Die Sanierung der Innenräume des Siegesdenkmals konzentrierte sich vor allem darauf, die Außenmauern mit direktem Bodenkontakt von der Feuchtigkeit zu befreien und die Räume besser zu belüften. Diese zwei Eingriffe waren die Voraussetzung für eine angemessene Restaurierung der Krypta und des Vorraumes. Die Isolierung der unterirdischen Räume und Flächen erfolgte sowohl horizontal, mittels Isolierung der Unterböden, als auch vertikal. Hier wurde ein umlaufender Zwischenraum geschaffen, in dem im Eingangsbereich auch die technischen Anlagen (Stromkästen und Heizungsanlage) untergebracht werden konnten.

Es erwies sich als notwendig, den Bodenbelag aus Porphyrsteinen entlang der Umgrenzungslinie des Siegesdenkmals zu entfernen. Anschließend wurde bündig zu den Mauern ein vertikaler Aushub vorgenommen, um eine Luftkammer zu schaffen, die als eine weitere Barriere gegen die Feuchtigkeit dient. Durch die kleinen Luftlöcher an den Außenmauern des Denkmals wird diese Luftkammer konstant belüftet.
Dieser Zwischenraum, der mit einem Gitter aus Cortenstahl abgedeckt wurde und somit begehbar ist, dient auch als Zugang für künftige Instandhaltungsarbeiten. Dieser Bereich wurde ebenfalls isoliert, damit künftig keine Feuchtigkeit mehr eindringen kann. Die fünfzehn unterirdischen Räume des Museums, mit Ausnahme der Krypta und des Vorraumes, sind von diesem Freiraum umschlossen. Die Tragwerke werden über kleine Maueröffnungen belüftet, so dass auch Wärme und Tageslicht eindringen können.
Der Luftaustausch zwischen den einzelnen unterirdischen Räumen konnte durch eine Vergrößerung der bestehenden Öffnungen deutlich verbessert werden. Die Luftlöcher wurden mit Platten aus Cortenstahl eingefasst. Diese Maßnahme war notwendig, um einen ausreichenden Luftaustausch zu gewährleisten, auch angesichts der zu erwartenden Besucherzahlen.
Der Bodenbelag aus Hartbeton wurde entfernt und stattdessen ein neuer Boden aus Leichtbeton mit einem Gemisch aus Quarzsand gegossen. Unter der Betonschicht wurden die Leitungen für die Fußbodenheizung verlegt. Auf diese Weise wird eine optimale und gleichmäßige Verteilung der Wärme gewährleistet, was vor allem während der Wintermonate sehr wichtig ist.

Untergeschoß des Siegesdenkmals: Ausbruch eines der beiden seitlichen Notzugänge im Vorfeld der Ausstellungsplanungen, 2012–2013

Des Weiteren wurden zwei neue Zugänge zum Ausstellungsbereich geschaffen, einer zur Cesare-Battisti-Straße und der andere zur Freiheitsstraße. Sie sind auf einer symmetrischen Achse mit dem Vorraum angeordnet und dienen auch als Zugänge für Besucher und Besucherinnen mit Beeinträchtigung sowie als Notausgänge. Die neuen Eingangstüren sind aus Cortenstahl.

In Piacentinis Projekt ist die Krypta der zentrale Raum des Siegesdenkmals, sie hat somit eine große symbolische Bedeutung. Die Krypta ist ein Raum ohne Lichtöffnungen. Sie wurde ursprünglich mit Fackeln ausgeleuchtet, die in den vier großen Kandelabern aus vergoldetem Holz steckten. Die ursprünglichen Kandelaber waren aus Bronze. Die Krypta besteht aus einem Vorraum, der die Form eines Dromos wie in den mykenischen Grabkammern hat, und einem zentralen Raum mit einem Tonnengewölbe und den zwei Nischen mit den Fresken von Guido Cadorin. Als erster Sanierungseingriff in diesem Bereich wurden die alten Bodenplatten aus grauem Sandstein entfernt. Anschließend wurde ein kleiner Aushub gemacht, um die Leitungen für die Fußbodenheizung und den neuen Boden verlegen zu können. Im Vorraum konzentrierten sich die Restaurierungsarbeiten auf die Reinigung der Wandverkleidung aus Steinplatten. Hier waren Salzeinlagerungen mit größter Sorgfalt zu entfernen. Auch die verputzten Mauerteile, die mit Inschriften versehen sind, mussten aufwändig gereinigt und restauriert werden. Bezüglich der Fresken ist festzuhalten, dass zeitgleich mit der ersten Phase der Restaurierungsarbeiten auch eine eingehende Analyse der unterirdischen Räume erfolgt ist, um das Raum- und Mikroklima in der Krypta zu untersuchen. Auch wurde eine thermografische Untersuchung der Nord- und der Südwand der Krypta vorgenommen. Hierbei wurde festgestellt, dass einige Wandbereiche, insbesondere Teile des Freskos *Die Wächterin der Geschichte* an der Nordwand, dringend einer Sanierung bedurften. Das Eindringen von Feuchtigkeit und die Salzbildungen hatten zu weißlichen Schleiern und an manchen Stellen sogar zu Ablösungen der Farbschicht geführt. Aufgrund des besonderen Raumklimas und der Schäden an den Fresken wurde daher beschlossen,

< Siegesdenkmal, Krypta: Restaurierungsmaßnahmen an Guido Cadorins Fresken, 2012–2013

Siegesdenkmal, Krypta: das restaurierte Fresko von Guido Cadorin („Wächterin der Geschichte"), 2013

Untergeschoß des Siegesdenkmals: bauliche Konsolidierungsmaßnahmen im Vorfeld der Ausstellungsplanungen, 2012–2013

bei der Restaurierung anorganische Produkte zu verwenden. Die Verputzschichten wurden ebenfalls restauriert und die Fehlstellen ausgebessert.
Um die Räume wieder so zu präsentieren, wie sie Piacentini in seinem ursprünglichen Projekt vorgesehen hatte, wurden zwei der Kandelaber aus Holz restauriert. Dabei konnte auf die zahlreichen, noch vorhandenen Detailinformationen zurückgegriffen werden. Dank der vorhandenen Originalzeichnungen konnten auch zwei neue Kandelaber aus Holz gefertigt werden, die mit Verzierungen aus Gips und einer Lackierung versehen wurden, die dem Original nachempfunden sind. Die vier Kandelaber wurden wieder in der Krypta aufgestellt, wie im Originalprojekt vorgesehen. Auch die verschiedenen Holzteile und Metallelemente der Türen des Vorraumes und der Krypta wurden restauriert.
Das gesamte Kellergeschoss wurde mit einer neuen Beleuchtung versehen und mit den vorgeschriebenen Sicherheitssystemen und einer Videoüberwachungsanlage ausgestattet. Auf diese Weise sind nun alle Räume für die Ausstellung nutzbar und zugänglich. Auch im Außenbereich wurden eine neue Beleuchtung und eine Videoüberwachungsanlage installiert. Um zu unterbinden, dass neuerlich Feuchtigkeit vom Boden aus in die Wände eindringt, wurde an einigen unterirdischen Stellen des Denkmalbereichs so eingegriffen, dass die in den Mauern gespeicherte Feuchtigkeit abgeleitet und die elektrolytischen Felder entladen werden können.
Ziel des umfassenden Restaurierungseingriffes war es, auf der einen Seite das Denkmal als Ausstellungsraum zugänglich zu machen und auf der anderen Seite dafür zu sorgen, dass das Siegesdenkmal als Bauwerk insgesamt mit seinen zahlreichen charakteristischen Bestandteilen erhalten werden konnte. Es wurde daher versucht, ein Gleichgewicht zu schaffen zwischen der Erhaltung der originalen Bausubstanz – Ziel der ersten Sanierungseingriffe – und dem Einbau der notwendigen Technik, um das Denkmal nutzbar zu machen und an die heutigen Standards anzupassen.
Die Restaurierungsarbeiten wurden im Mai 2014 abgeschlossen. Dank des Ausstellungsparcours in den unterirdischen Räumlichkeiten des Siegesdenkmals *BZ '18–'45: ein Denkmal, eine Stadt, zwei Diktaturen*, der am 21. Juli 2014 eröffnet worden ist, kann nun Piacentinis Bauwerk wieder besichtigt werden.

NSCH HAT DAS REC

Außenbereich des Siegesdenkmals: bauliche Sanierung im Vorfeld der Ausstellungsplanungen, 2012–2013

SPECIAL
COMMENDATION
2016

EUROPEAN MUSEUM OF THE YEAR AWARD 2016 LOBENDE ERWÄHNUNG DER JURY

Jury
José Gameiro, Portugal, Präsident

Shirley Collier, Großbritannien
Laurella Rinçon, Frankreich
Jan Gerchow, Deutschland
Sirje Helme, Estland
Željka Kolveshi, Kroatien
Jouetta van der Ploeg, Niederlande
Michael Ryan, Irland
Jette Sandahl, Dänemark
Jahangir Selimkhanov, Aserbaidschan
Wim De Vos, Belgien

Aus der Begründung der Jury

Die Ausstellung *BZ '18–'45* macht ein kontroverses Denkmal wieder zugänglich, das über lange Zeit für politischen, kulturellen und identitären Streit gesorgt hat, aber auch von zentraler Bedeutung für Bozens neuere Stadtentwicklung war. Der Rundgang entfaltet sich im weitläufigen Untergeschoß des Siegesdenkmals, welches von Mussolinis faschistischem Regime in den Jahren 1926–1928 errichtet wurde.
Mit subtilen Eingriffen gelingt es der Ausstellungsinitiative, die überdeutliche Symbolsprache des Monuments zu neutralisieren, ohne dieses zerstören zu müssen. *BZ '18–'45* greift die Geschichte der Stadt und der Region während der zwei Jahrzehnte währenden faschistischen Diktatur und der darauffolgenden nationalsozialistischen Besetzung auf und spannt auch den Bogen zu den nationalen und internationalen Ereignissen in den Jahren zwischen den beiden Weltkriegen. Das Projekt zeigt, dass man das belastete Erbe von Triumpharchitektur, wie es sie auch sonst weltweit gibt, verändern und damit erhalten kann, auch wenn die Regimes, die solche Bauten veranlassten, bzw. die Kriege, auf die sie sich beziehen, längst Geschichte sind.
Insgesamt fördert *BZ '18–'45* auf sehr mutige und professionelle Weise die Werte von Humanismus, Toleranz und Demokratie und die Achtung von Differenz. Der Erfolg der Dokumentations-Ausstellung wird von weiten Teilen der Bevölkerung getragen und belegt auf überzeugende Weise, dass eine gelungene Musealisierung die öffentliche Wahrnehmung nachhaltig verändern kann.

www.europeanmuseumforum.info

INFRA-
STRUCTURE
COM

BUILDING THE
"NEW BOLZANO"
LA COSTRUZION
NUOVA
ANO
GROW

WEITERFÜHRENDE LITERATUR

Siegesdenkmal

Siena, Pier Luigi: Il monumento nazionale alla Vittoria, in: Il Cristallo Nr. 1, 1979, 110-118.
Calì, Vincenzo: Il Monumento alla Vittoria di Bolzano. Un caso di continuità fra fascismo e post-fascismo, in: Leoni, Diego / Zadra, Camillo (a cura di): La Grande Guerra. Esperienze, memoria, immagini, Bologna 1986.
Soragni, Ugo / Guidoni, Enrico: Il Monumento alla Vittoria di Bolzano. Architettura e scultura per la città italiana, 1926–1938, Vicenza 1993.
Cacciaguerra, Giorgio: Il recupero dell'architettura del periodo fra le due guerre a Bolzano: razionalismo e passatismo, Udine 2000.
Pardatscher, Thomas: Das Siegesdenkmal in Bozen – Entstehung, Symbolik, Rezeption, Bozen 2002.
Soragni, Ugo: Spazi rappresentativi e spazi urbani tra le due guerre. Il monumento alla Vittoria e la pianificazione della nuova "città italiana" a Bolzano, in: Caracozzi, Antionietta (a cura di): L'architettura del Novecento a Foggia e in Capitanata, Foggia 2007, 43-52.
de Carlo, Nerio / Staffler, Hartmuth: Il monumento del regime, Egna 2010.
Ferrarese, Lorenzo: Libero Andreotti e il Monumento alla Vittoria di Bolzano, in Il Cristallo n. 1, 2012.
Strobl, Wolfgang: "tu regere imperio populos, Romane, memento ...": Zur Rezeption von Vergil und Horaz im italienischen Faschismus am Beispiel des Siegesplatzes in Bozen, in: Koppenfels, Werner v. et al. (Hg.): Antike und Abendland 58, Berlin/New York 2012, 143-166.
Moroder, Edith: Reprise: Denkmal-Betrachtung. Über eine Stellungnahme der Künstler Ende der 70er Jahre, in: Kulturelemente Nr. 123, Bozen 2015.

Das Siegesdenkmal und seine Künstler

Mola, Paola: Adolfo Wildt, Milano 1988.
Adolfo Wildt (1868-1931). L'ultimo simbolista, catalogo della mostra di Milano, 27 novembre 2015-14 febbraio 2016, Ginevra-Milano 2015.
Mola, Paola (a cura di): L'anima e le forme. Catalogo della mostra di Forlì, 28 gennaio-17 giugno 2012.
Cardano, Nicoletta (a cura di): Canonica scultore e musicista, introduzione di D. Durbè, Roma 1985.
Matthiae, Guglielmo: Dazzi, Roma 1979.
Guido Cadorin 1892-1976. Catalogo della mostra al Museo Correr Venezia, 14 marzo-3 maggio 1987.

(Regionale) Denkmalkulturen

Egger, Oswald / Gummerer, Hermann (Hrsg.): Walther – Dichter und Denkmal, Wien/Lana 1990.
Heinz, Elmar: Die versteinerten Helden. Kriegerdenkmäler in Südtirol, Bozen 1995.
Marchesoni, Patrizia / Martignoni Massimo: Monumenti della grande guerra. Progetti e realizzazioni in Trentino 1916–1935, Trento 1998.
Rath, Gabriele / Sommerauer, Andrea / Verdorfer, Martha (Hrsg.): Bozen – Innsbruck: Zeitgeschichtliche Rundgänge, Bozen 2000.

Fahlenbock, Michael (Hrsg.): Inszenierung des Sieges – Sieg der Inszenierung: Interdisziplinäre Perspektiven, Innsbruck/Wien/Bozen 2011.
Franz, Birgit / Kofler Engl, Waltraud (Hrsg. / a cura di): Umstrittene Denkmale. Der Umgang mit dem Erbe der Diktaturen / Monumenti controversi. Come gestire l'eredità delle dittature, Bozen 2013.
Canali, Ferruccio: «Monumentomania» asburgica e «Monumentomania» italiana a Bolzano nell'età dei nazionalismi: dall'«era Perathoner» alla 'prima' «era Tolomei (1889-1928)». Il Monumento alla Vittoria di Marcello Piacentini (1926-1928), in: F. Canali e V. C. Galati (a cura di): Modernizzazione e italianità. Problemi dell'"Arte italiana" tra Italia e Oltremare (1911-1961), dall'epica imperiale alle Mostre di F. L. Wright e del made in Italy, in: Bollettino della Società di studi fiorentini 21/2012, 105-151.

Architektur und Faschismus

Gentile, Emilio: Fascismo di pietra, Roma/Bari 2007.
Nicoloso, Paolo: Mussolini architetto: propaganda e paesaggio urbano nell'Italia fascista (Einaudi storia 20), Torino 2008.
Steinacher, Harald / Mattioli, Aram (Hrsg.): Faschismus und Architektur / Fascismo e architettura (Geschichte und Region/Storia e regione 2/08), Innsbruck/Wien/Bozen 2009.
Dunajtschik, Harald / Mattioli, Aram: Eroberung durch Architektur. Die faschistischen Um- und Neugestaltungsprojekte in Bozen, in: Terhoeven, Petra (a cura di): Italien, Blicke: neue Perspektiven der italienischen Geschichte des 19. und 20. Jahrhunderts, Göttingen 2010, 87–106.
Harald Bodenschatz (Hrsg.): Städtebau für Mussolini. Auf der Suche nach der neuen Stadt im faschistischen Italien, Berlin 2011.
Pallaver, Günther (Hrsg.): Umstrittene Denkmäler. Der Umgang mit der Vergangenheit, Bozen 2013.

Das 20. Jahrhundert in der Region

Alcock, Antony Evelyn, The History of the South Tyrol Question, London 1970.
Steurer, Leopold: Südtirol zwischen Rom und Berlin 1919–1939, Wien/München/Zürich 1980.
Steininger, Rolf: South Tyrol. A Minority Conflict of the Twentieth Century, New Brunswick/London 2003.
Solderer, Gottfried (Hrsg.): Das 20. Jahrhundert in Südtirol, 5 voll., Bozen 1999–2003.
Romeo, Carlo: Alto Adige/Südtirol XX Secolo. Cent'anni e più in parole e immagini, Bolzano 2003.
Gehler, Michael: Tirol im 20. Jahrhundert: vom Kronland zur Europaregion, Innsbruck/Wien/Bozen 2008.

Faschismus allgemein

Payne, Stanley G.: Fascism. Comparison and Definition, Madison 1980.
Lupo, Salvatore: Il fascismo. La politica in un regime totalitario, Roma 2000.
Gentile, Emilio: Fascismo. Storia e interpretazione, Roma/Bari 2002.

Ganapini, Luigi: La repubblica delle camicie nere, Milano 2002.
Ben-Ghiat, Ruth: La cultura fascista, Bologna 2004.
Bauerkämper, Arnd: Der Faschismus in Europa 1918–1945, Stuttgart 2006.
Dogliani, Patrizia: Il fascismo degli italiani. Una storia sociale, Torino 2008.
Bosworth, Richard J. B.: The Oxford Handbook of Fascism (Oxford Handbooks in History), Oxford/New York 2009.
Gentile, Emilio: Il culto del littorio. La sacralizzazione della politica nell'Italia fascista, Roma/Bari 2009.
Corner, Paul R.: Italia fascista. Politica e opinione popolare sotto la dittatura, Roma 2015.
Woller, Hans: Mussolini. Der erste Faschist. Eine Biographie, München 2016.

Faschismus in Südtirol

Di Michele, Andrea: L'italianizzazione imperfetta. L'amministrazione pubblica dell'Alto Adige tra Italia liberale e fascismo, Alessandria 2003.
Lechner, Stefan: „Die Eroberung der Fremdstämmigen". Provinzfaschismus in Südtirol 1921-1926 (Veröffentlichungen des Südtiroler Landesarchivs 20), Innsbruck 2005.
Bonoldi, Andrea / Obermair, Hannes (a cura di): Tra Roma e Bolzano. Nazione e provincia nel Ventennio fascista / Zwischen Rom und Bozen. Staat und Provinz im italienischen Faschismus, Bozen 2006.
Mezzalira, Giorgio / Obermair, Hannes (Hrsg.): Faschismus an den Grenzen / Fascismo di confine (Geschichte und Region/Storia e regione 2/11), Innsbruck/Wien/Bozen 2012.
Ferrandi, Maurizio: Fantasmi e stelle alpine. Mussolini e l'Alto Adige, Trento 2015.

Nationalsozialismus allgemein

Burleigh, Michael / Wippermann, Wolfgang: The Racial State. Germany 1933–1945, Cambridge 1991.
Collotti, Enzo: L'Europa nazista, il progetto di un Nuovo ordine europeo, 1939–1945, Firenze 2002.
Evans, Richard J.: The Third Reich in Power, 1933–1939. New York 2005.
Bauer, Kurt: Nationalsozialismus. Ursprünge, Anfänge, Aufstieg und Fall, Wien 2008.
Kershaw, Ian: Hitler 1889–1945, München 2009.

Nationalsozialismus in Südtirol

Steinacher, Gerald (Hrsg.): Südtirol im Dritten Reich / L'Alto Adige nel Terzo Reich 1943–1945, Innsbruck/Wien/Bozen 2003.
Wedekind, Michael: Nationalsozialistische Besatzungs- und Annexionspolitik in Norditalien 1943 bis 1945: Die Operationszonen ›Alpenvorland‹ und ›Adriatisches Küstenland‹, München 2003.
Lun, Margareth: NS-Herrschaft in Südtirol. Die Operationszone Alpenvorland 1943–1945, Innsbruck 2004.
Di Michele, Andrea / Taiani, Rodolfo (Hrsg.): Die Operationszone Alpenvorland im Zweiten Weltkrieg, Bozen, Athesia, 2009.
Pallaver, Günther / Steurer, Leopold: „Deutsche! Hitler verkauft euch!" Das Erbe von Option und Weltkrieg in Südtirol, Bozen 2010.

Faschismus und Nationalsozialismus im Vergleich

Flores, Marcello / Bauman, Zygmunt: Nazismo, fascismo, comunismo. Totalitarismi a confronto, Milano 1998.

Di Michele, Andrea / Steinacher, Gerald (Hrsg.): Faschismus im Gedächtnis / La memoria dei fascismi (Geschichte und Region/Storia e regione 2/04), Innsbruck/Wien/Bozen 2005.

Schreiber, Horst: Nationalsozialismus und Faschismus in Tirol und Südtirol. Opfer – Täter – Gegner, Innsbruck/Wien/Bozen 2007.

Schieder, Wolfgang: Faschistische Diktaturen. Studien zu Italien und Deutschland, Göttingen 2008.

Iordachi, Constantin (Hrsg.): Comparative Fascist Studies. New Perspectives, Abingdon 2010.

Option

Stuhlpfarrer, Karl: Umsiedlung Südtirol 1939–1940, 2 voll., Wien 1985.

Erhard, Benedikt (a cura di): Option, Heimat, Opzioni – una storia dell'Alto Adige. Catalogo della mostra a cura del Tiroler Geschichtsverein, Bolzano 1989.

Steininger, Rolf / Eisterer, Klaus: Die Option. Südtirol zwischen Faschismus und Nationalsozialismus, Innsbruck 1989.

Alexander, Helmut / Lechner, Stefan / Leidlmair, Adolf: Heimatlos – die Umsiedlung der Südtiroler, Wien 1993.

Corni, Gustavo: Spostamenti di popolazioni e politiche del „grande spazio“, in: Hartungen, Christoph v. et al. (a cura di): Le lettere aperte 1939–43: l'Alto Adige delle Opzioni, vol. 1, Bolzano 2006, 45-66.

Wedekind, Michael / Rodogno Davide (Hrsg.): Umsiedlung und Vertreibung in Europa 1939–1955 / Spostamenti sforzati di popolazioni in Europa 1939-1955 (Geschichte und Region/Storia e regione 2/09), Innsbruck/Wien/Bozen 2010.

Bozen im 20. Jahrhundert

Zoeggeler, Oswald / Ippolito, Lamberto: Die Architektur für ein italienisches Bozen (1922–1944), Lana 1992.

Verdorfer, Martha: Die Stadt als öffentlicher Erinnerungsraum am Beispiel der Landeshauptstadt Bozen, in: Eisterer, Klaus (Hrsg.): Tirol zwischen Diktatur und Demokratie (1930–1950), Innsbruck/Wien/Bozen 2002, 187-200.

Dunajtschik, Harald / Mattioli, Aram: Die „Città nuova“ von Bozen. Eine Gegenstadt für eine Parallelgesellschaft, in: Mattioli, Aram / Steinacher, Gerald (Hrsg.): Für den Faschismus bauen. Architektur und Städtebau im Italien Mussolinis (Kultur – Philosophie – Geschichte. Reihe des Kulturwissenschaftlichen Instituts Luzern 7), Zürich 2009, 259-286.

Heiss, Hans: Europäische Stadt der Übergänge. Bozen/Bolzano im 20. Jahrhundert, in: Gehler, Michael (Hrsg.): Die Macht der Städte (Historische Europa-Studien 4), Hildesheim/Zürich/New York 2011, 545–574.

Obermair, Hannes: „Stadt im Umbruch“ - das Bozener Beispiel „revisited“, in: Maurizio Pacchiani (Hrsg.): Razionalismi. Percorsi dell'abitare – Bolzano/Bozen 1930–40, Bolzano 2015, 35–40.

NS-Lager Bozen

Mezzalira, Giorgio / Romeo, Carlo: "Mischa". L'aguzzino del Lager di Bolzano, Bolzano 2002.
Pfeifer, Barbara: Im Vorhof des Todes. Das Polizeiliche Durchgangslager Bozen 1944–1945, Innsbruck 2003.
Venegoni, Dario: Uomini donne e bambini nel Lager di Bolzano. Una tragedia italiana in 7982 storie individuali, 2a ediz., Milano 2005.
Giacomozzi, Carla: Nella memoria delle cose. Donazioni di documenti dai Lager all'Archivio Storico della Città di Bolzano, Bolzano 2009.
Mezzalira, Giorgio / Villani, Cinzia: Anche a volerlo raccontare è impossibile, Bolzano 2000, 2. Auflage 2011.

Erinnerungskulturen

Di Michele, Andrea: La fabbrica dell'identità – il fascismo e gli italiani dell'Alto Adige tra uso pubblico della storia, memoria e auto rappresentazione (Geschichte und Region/Storia e regione 13/2004), H. 2, 75-108.
Foot, John: Fratture d'Italia. Da Caporetto al G8 di Genova: la memoria divisa del paese, Milano 2009.
Petri, Rolf: Cultura e politica a Bolzano 1906–1943, in: Bertoldi, Massimo/ Mura, Angela (a cura di): Stadttheater – Teatro Civico – Teatro Verdi Bozen (Quaderni di Storia Cittadina / Hefte zur Bozener Stadtgeschichte 3), Bolzano 2011, 12-41.
Corneließen, Christoph: Erinnerungskulturen in Deutschland, Österreich und Italien seit 1945, in: Gehler, Michael / Guiotto, Maddalena (Hrsg.): Italien, Österreich und die Bundesrepublik Deutschland in Europa. Ein Dreiecksverhältnis in seinen wechselseitigen Beziehungen von 1945/49 bis zur Gegenwart, Wien/Köln/Weimar 2012, 369-379.
Heiss, Hans / Obermair, Hannes: Erinnerungskulturen im Widerstreit. Das Beispiel der Stadt Bozen/ Bolzano 2000–2010, in: Ostermann, Patrick (Hrsg.): Der Grenzraum als Erinnerungsort. Über den Wandel zu einer postnationalen Erinnerungskultur in Europa (Histoire 34), Bielefeld 2012, 63-79.
Obermair, Hannes / Michielli Sabrina (Hrsg.): Erinnerungskulturen des 20. Jahrhunderts im Vergleich / Culture della memoria del Novecento a confronto (Hefte zur Bozener Stadtgeschichte/Quaderni di storia cittadina 7), Bozen-Bolzano 2014.

BILDNACHWEIS

47, 90: Amt für Film und Medien, Südtiroler Landesverwaltung
132: Archivio generale della Presidenza del consiglio dei ministri, Ufficio per le zone di confine
133: Bibliothek Claus Gatterer
4, 17, 35, 49, 52, 58, 59, 66, 68, 84, 85, 92, 95, 96, 98, 101, 103, 116, 130, 136, 152: Alessandro Campaner
50, 90, 91: Fondazione Museo Storico del Trentino
86: Fototeca del Centro di Catalogazione del patrimonio storico-artistico e popolare – Soprintendenza per i beni storico-artistici, Provincia Autonoma di Trento
6, 8, 10, 11, 12, 13, 14, 15, 16, 17, 18, 19, 24, 25, 32, 39, 100, 106, 108: Gruppe Gut Gestaltung
142, 143, 144, 145, 146, 147: Chiara Matteazzi
43, 50, 51: Museo Storico Italiano della Guerra di Rovereto
11, 26, 55, 56, 60, 61, 62, 64, 65, 73, 81, 82, 83, 86, 87, 88, 94, 97, 108, 109, 110, 113, 114, 119, 122, 124, 125, 135,
134, 135: Seehauser Foto
138: Stadtarchiv Bozen
45, 46: Stadtarchiv Meran
44, 53, 54, 67, 70, 71, 72, 75, 118, 119, 125, 126, 127, 129, 132: Südtiroler Landesarchiv
76, 82: Universitäts- und Landesbibliothek Tirol

Publikationen und Wikimedia Commons:
25, 26, 29, 87, 88, 90, 107, 115: aus Ugo Soragni, Enrico Guidoni: Il Monumento alla Vittoria di Bolzano. Architettura e scultura per la città italiana, 1926–1938, Vicenza 1993
33: Wiki Commons [File:Valle de los caidos by forcy-cruz y basilica]
35: Wiki Commons [File:Names on the Vietnam Veteran's Memorial, Washington DC, Urheber David Bjorgen]
36: Wiki Commons [File:911 Memorial fountain and pool in New York City, Urheber Tomwsulce]
36: Wiki Commons [File:NYC Memorial 11, Urheber Lesekreis]
38: Wiki Commons [File:L.O.V.E., Urheber Lorenzo Gaudenzi]
102: Wiki Commons [File:MarcelloPiacentini1900]
128: Wiki Commons [File:Faschos und Nazis am Siegesdenkmal 1932]
104: aus Diana Barillari: Architetture neo-arabe di Marcello Piacentini in Libia, in: L'Orientalismo nell'architettura italiana tra Ottocento e Novecento. A cura di Maria Adriana Giusti, Ezio Godoli, Siena 1999

Die Stadt Bozen hat sich bis Produktionsschluss intensiv bemüht, alle weiteren Inhaber von Abbildungsrechten ausfindig zu machen. Wer sonstige Rechte an verwendeten Abbildungen beansprucht, wird gebeten, sich nachträglich mit den Herausgebern in Verbindung zu setzen.

DOKUMENTATIONS-AUSSTELLUNG

Wissenschaftliches Team
Andrea Di Michele, Hannes Obermair,
Christine Roilo, Ugo Soragni, Silvia Spada

Wissenschaftliche und gestalterische Beratung
Jeffrey T. Schnapp

Ausstellungskonzept und -gestaltung
Gruppe Gut Gestaltung

Bauleitung
Direzione regionale per i beni culturali e paesaggistici del Veneto

Leihgaben
Centro internazionale di Studi di Architettura Andrea Palladio

Kooperationspartner
Istituto Luce
Bundesarchiv Filmarchiv
Radio Televisione Italiana

Bildverweise
Stadtarchiv Bozen
Südtiroler Landesarchiv
Museo Storico Italiano della Guerra di Rovereto
Fototeca del Centro di Catalogazione del patrimonio storico-artistico e popolare – Soprintendenza per i beni storico-artistici – Provincia Autonoma di Trento, Universitäts- und Landesbibliothek Tirol, Biblioteca Nazionale Centrale di Firenze, Bibliothek Claus Gatterer, Fondazione Museo Storico del Trentino

Assistenz der Bauleitung
MK studio/Mariani-Kerschbaumer

Einrichtung
Fineline

Filme
FilmWork

Lightdesign
Paneuropäisches Institut für Angewandte Multi-Mediale Gestaltung

Sounddesign
Stefano Bernardi

Video & Audio
Eldomar Electronics

Beleuchtung
Electro Delueg, Studio I.M.

Restaurierung der Holzteile
R.W.S.

Sicherheitsplanung
Ivan Stuflesser

Paritätischer Führungsausschuss
Andrea Di Michele, Daniele Ferrara, Sabrina Michielli, Hannes Obermair, Christine Roilo, Ugo Soragni

Museumsdienst (Aufsicht und Führungen)
C.S.U., Scriptoria, Coopculture

Danksagungen
Land Tirol, Rai Südtirol-Alto Adige, Marco Boato, Fam. Bonetti, Patrizia Cacciani, Alessandro Campaner, Fam. Hofer, Thomas Krismer, Alfredo und Giampaolo Morlacchi, Günther Rauch, Michaela Schedl, Claudia Schretter, Wolfgang Strobl, Alessandra Tortosa

BZ '18–'45
ein Denkmal
eine Stadt
zwei Diktaturen

BZ '18–'45
un monumento
una città
due dittature

BZ '18–'45
one monument
one city
two dictatorships

BZ '18–'45
un monumento
eine Stadt
doi ditatures

BZ '18–'45
one monument
una città
zwei Diktaturen

BZ '18–'45
un n monumënt
una na zità
doi ditatures